本书出版得到以下课题资助

山西省高校人文社会科学重点研究基地项目：山西省历次产业转型与升级效果分析与“十二五”相关重大决策制定与执行的风险控制研究（20120317）

山西省高校人文社会科学重点研究基地项目：山西煤炭经济接替产业条件与差距分析（2015320）

山西省“互联网 +”与旅游产业升级协同创新中心子课题：运城市黄河流域旅游产业升级研究（03010022）

山西先进永磁材料与技术协同创新中心 2016 年度规划课题：山西省永磁产业发展路径研究（030100030002）

山西省产业转型与发展研究

薛耀文　张　璐　著

知识产权出版社
全国百佳图书出版单位
—北京—

图书在版编目（CIP）数据

山西省产业转型与发展研究 / 薛耀文，张璐著 . —北京：知识产权出版社，2020.10
ISBN 978-7-5130-6897-0

Ⅰ . ①山…　Ⅱ . ①薛…　②张…　Ⅲ . ①区域产业结构—产业结构升级—研究—山西　Ⅳ . ① F127.25

中国版本图书馆 CIP 数据核字（2020）第 070723 号

内容提要

本书着重从资源型省区市产业转型与发展方面进行研究，主要以山西省为例。全书分为转型篇和发展篇：转型篇为 1~4 章，主要对产业转型的历程进行了梳理和分析，并探索性地研究了替代产业的选择及演替模式；发展篇为 5~8 章，主要对山西省全域旅游发展、永磁产业发展进行了探索性研究，并从高校协同创新、县域执行力两个方面，探讨了山西省产业转型与发展的多方保障。

责任编辑：李　娟　于晓菲　　　　**责任印制**：孙婷婷

山西省产业转型与发展研究

薛耀文　张　璐　著

出版发行：知识产权出版社有限责任公司	**网　　址**：http：//www.ipph.cn
电　　话：010-82004826	http：//www.laichushu.com
社　　址：北京市海淀区气象路 50 号院	**邮　　编**：100081
责编电话：010-82000860 转 8363	**责编邮箱**：laichushu@cnipr.com
发行电话：010-82000860 转 8101	**发行传真**：010-82000893
印　　刷：北京中献拓方科技发展有限公司	**经　　销**：各大网上书店、新华书店及相关专业书店
开　　本：787mm × 1092mm　1/16	**印　　张**：15.5
版　　次：2020 年 10 月第 1 版	**印　　次**：2020 年 10 月第 1 次印刷
字　　数：225 千字	**定　　价**：68.00 元

ISBN 978-7-5130-6897-0

前　言

资源型省区市的转型与发展问题一直是学界关注的热点。作为中国典型的资源型省区市，纵观山西省的发展历史，“兴于煤而困于煤”，可以说尝“尽”了资源的甜头。相关数据显示，截至2015年年底，山西省已发现的矿种达120种，其中煤炭保有资源储量2709.01亿吨，占全国保有资源储量的17.3%，居全国第三位。中华人民共和国成立70多年来，山西省已累计开采煤炭192亿吨，占全国生产总量的1/4以上，外调量130亿吨，辐射了全国2/3以上的省区市。作为全国重要的新型能源和工业基地，山西的煤曾点亮了中国一半的灯。

作为中国典型的资源型省区市，在经历了“黄金十年”的发展后，山西省的各方面发展曾遇到巨大的阻碍。进入新时代，山西省作为全国首个能源革命综合改革试点，在新征程上继续书写着能源革命的新篇章。

2019 年，山西省政府工作报告指出，截至 2019 年 1 月，山西省持续深化供给侧结构性改革，退出煤炭过剩产能 3090 万吨。2019 年 11 月 8 日，山西获批成为全国第 8 个省级国家全域旅游示范区创建单位。依托得天独厚的黄河、长城、太行三大板块旅游资源，山西省持续加大文化旅游业的发展力度。三个“一号旅游公路”（黄河一号、长城一号、太行一号）首批建成路段已经投入运行，旅游公路、旅游驿站、新农村建设和乡村旅游实现了有机结合，旅游公路沿线的村镇面貌焕然一新。新思路、新方向、新举措联合发力，开始逐渐激活山西高质量发展的“新引擎”。

本书着重从资源型省区市产业转型与发展方面进行研究，主要以山西省为例。全书分为转型篇和发展篇：转型篇为 1~4 章，主要对产业转型的历程进行了梳理和分析，并探索性地研究了替代产业的选择及演替模式；发展篇为 5~8 章，主要对山西省全域旅游发展、永磁产业发展进行了探索性研究，并从高校协同创新、县域执行力两个方面，探讨了山西省产业转型与发展的多方保障。

薛耀文教授全程参与并指导完成，第二作者张璐负责部分章节的撰写及全书的统筹及修订（约 13 万字）。其中：第一、四、九章由张璐完成；第二、三章由胡咪咪与张璐完成；第五章由郭伟与储林玲共同完成；第六章由常梅与郭金生共同完成；第七章由王丽与张越共同完成；第八章由杨晓慧和梁昀昀完成。

本书得到了运城学院、太原师范学院、山西师范大学相关部门和院系的大力支持。

感谢以下课题对本书的资助。

山西省高校人文社会科学重点研究基地项目：山西省历次产业转型与升级效果分析与“十二五”相关重大决策制定与执行的风险控制研究（20120317）；

山西省高校人文社会科学重点研究基地项目：山西煤炭经济接替产业条件与差距分析（2015320）；

山西省“互联网+”与旅游产业升级协同创新中心子课题：运城市黄河流域旅游产业升级研究（03010022）；

山西先进永磁材料与技术协同创新中心2016年度规划课题：山西省永磁产业发展路径研究（030100030002）。

目 录

第1章　山西省产业结构转型与发展历程

山西省自成为全国能源重化工基地起，源源不断地对外输出煤炭和电力等能源，而伴随山西省的是环境的日益恶化、经济波动幅度巨大。沉重的代价促使山西省必须进行产业结构调整，实现真正意义上的转型。本章通过分析1982年以来山西省历次产业结构调整政策在经济、民生、环境三方面的实施效果，剖析效果不佳的原因，为山西省未来产业政策的制定与实施提出预警。

1.1　山西省历次产业结构调整政策概述

经济结构包括产业结构、分配结构、城乡结构、地区结构、所有制结构等，产业结构是经济结构的一个方面。由于山西省是资源型省区市且受到了严重的“资源诅咒”，因此其经济结构的问题主要表现在产业结构上。产业结构调整包括产业结构的合理化和高级化两个方面：产业结构合理化具体表现为产业之间的数量比例关系、经济技术联系和相互作用关系趋向协调平衡的过程；产业结构高级化是指产业结构系统从较低形式向较高级形式的转化过程。

山西省产业结构以煤为主导之路始于20世纪80年代。改革开放以后，国内各项工业飞速发展，引发了对能源的猛烈需求，资源短缺的问题逐渐显露出来。为了保障现代化建设的顺利推进，1982年，国务院做出建设山西省能源重化工基地的决定。山西煤炭工业备受鼓舞，大量资金和技术涌入煤炭行业，省内煤矿数量急剧上升，煤炭迅速成长为山西省的主导行业。能源基地建设成为山西省经济社会发展的第一要务，山西省政府对煤炭行业采取了倾斜政策，形成了高投入、高强度、大规模、粗放式的区域经济开发模式。在此过程中，山西煤炭资源优势得到了充分发挥，生产规模和生产能力不断扩大，不但促进了山西省经济发展，而且有力地支援了全国的经济建设。此后，“煤炭作为我国的主体能源、山西省作为重要的煤炭供给基地、煤炭作为山西省的主导产业”这三个坚持不变原则就成为山西省经济发展中遵循的原则，并一直在延用。

1980—1990年，是山西煤炭工业发展最快的时期，山西煤炭工业有了长足的发展，取得了举世瞩目的成就。1991—1997年，我国能源短缺状况趋于缓解，煤炭需求量下降、库存积压、煤炭价格下滑、煤款回收困难，山西煤炭市场进入了发展的瓶颈阶段。为应对这一困境，山西省实施了能源重化工基地建立以来的第一次产业结构调整，对煤炭采取了限产限运手段，并追缴煤炭欠款，整顿煤炭市场。1997 年下半年，亚洲金融风暴爆发，打破了国内经济稳定发展的局面。煤炭市场被波及，供大于求的矛盾加剧，煤炭价格大幅度下跌，市场持续疲软。山西省煤炭企业的生产经营陷入困境之中，全行业出现了煤炭销量下降、效益下滑、煤炭货款巨额拖欠、企业亏损额增加、职工收入减少的困难局面。

1998 年 11 月 30 日，国务院做出了“关井压产”的宏观调控举措。在控制总量、扩大出口等政策指导下，山西省取缔和关闭了一大批非法的、布局不合理的小煤矿，淘汰了一批落后的产能。这次整治，山西省煤炭产量连降三年，但煤炭产业结构发生了好的转变。2000 年，山西省政府制定了“保量、提价、回款、清欠”的方针，坚持把煤炭销售作为龙头来抓，注重提高全省煤炭销售的质量和效益。随着方针的执行，煤炭销量增加、价格上涨，产量开始恢复上升。

2001 年，在坚持不懈的内部整顿和紧抓销售下，煤炭行业连续亏损局面彻底扭转。2004 年 8 月，山西又确定了建设国家新型能源和工业基地的战略定位。2005 年，房地产行业崛起，钢铁、水泥成为热门需求，而钢铁水泥的生产，都离不开煤，于是全国又掀起煤炭投资热，带动煤价飙升。

2008 年，全球性金融危机严重挫伤山西经济，为了应对危机，山西省提出对煤炭资源进行全面兼并重组。2010年，提出“以煤为基，多元发展”战略，之后煤价上涨，采掘业投资再次大幅度上升。2002—2012年被公认是煤炭发展最快的“黄金十年”，山西煤炭从“小煤窑遍地”走向“大矿时代”。2012年以后煤炭产量增速有所放缓,但仍旧呈上升趋势。2014年，煤炭产量再创新高，山西重占第一产煤大省“宝座”。

产业结构调整政策是指导山西产业结构走向合理化和高级化的风向标。图1.1是1982年以来山西实施的历次产业结构调整政策：1982年，山西成为全国能源重化工基地，从此第二产业开始迅速发展；1996年，省委制定了调整产业结构的实施意见，提出了以“一增三优”为主攻方向的产业结构调整思路；1999年上半年，严峻的经济下滑促使山西出台了一系列的经济结构调整政策；2004年8月，又确定了建设国家新型能源和工业基地的战略定位；2008年，全球金融危机对山西经济造成了重创，为了应对危机，山西省对煤炭资源进行全面整合。

1.2　历次产业结构调整政策实施效果评价

1.2.1　基于经济层面的政策实施效果评价

1. 经济总体运行情况

如图1.1所示，1952—2013年，山西省地区生产总值保持持续增长态势，特别是 2000—2011 年，增长幅度明显加大。从横向发展来看，20 世纪 60 年代，山西的生产总值曾与北京、浙江等省市相当，随后排名逐渐后退，进入 90 年代之后基本位于全国的中下游水平。2002 年以后，煤炭市场出现供不应求的局面，煤炭黄金时期山西在全国的排位快速上升。2008 年受经济危机影响，煤炭、电力需求大幅度减少，山西经济受到严重影响。2009 年之后实施的一系列调产政策也未能改善山西经济在全国的排位。2012 年后，经济增长幅度小，受市场影响上行压力巨大。从排名有大波动的年份上看，当期山西经济受煤价、外部经济环境的影响要远大于其受调产政策的控制。

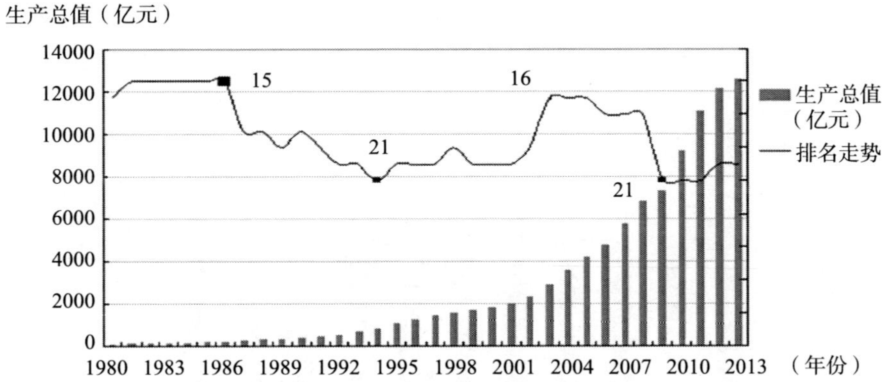

图 1.1　山西省生产总值走势图

2. 各产业占地区生产总值比重

图 1.2 选取了 12 个重要年份的数据加以比较和分析。这 12 个年份主要是 1952—2011 年政治经济有大波动的年份和山西省出台调产政策的后

几年。本节依据这些主要年份的数据来评价调产政策的实施效果。

横向比较来看：一直以来山西的地区生产总值与吉林省相当，但两省份的经济结构是有差别的。2011 年，吉林省经济贡献率高达 80% 的重点产业工业分布在交通运输设备制造业、石油化工产业、食品产业、冶金建材产业、能源产业；2011 年，山西省规模以上工业企业实现主营业务收入 16893.4 亿元，主要分布在煤炭（43%）、焦炭（11%）、冶金（20%）、电力工业（7%），规模以上工业企业主营业务收入中重工业所占比例超过 80%，从结构上看总体呈现第二产业比重过大，第三产业发展后劲不足的状况。相比之下吉林省的重点产业工业分布均匀，没有一产独大的情况，也没有过度的资源依赖现象。

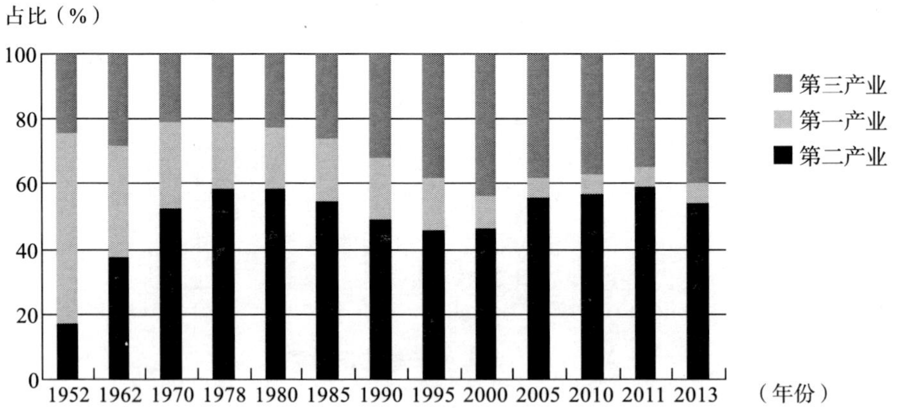

图 1.2　山西省主要年份产业产值占生产总值比重对比图

3. 规模以上工业中轻重工业比重

如图1.3所示，从规模以上工业的内部结构来看，重工业比重逐年递增，到2011年重工业在工业总产值中占比达到95%。2012年，轻工业、重工业增加值较上年分别增长13.4%、11.8%，2013年，重工业增加值增长速度（10.6%）快于轻工业（8.6%）。20世纪80年代，山西放弃了机械、电子、医药、轻工、纺织制造业的原有优势，过分追捧资源优势。尤其是1992年以来，全国各地已经进入经济结构调整的时期，但由于1993年煤价开始放开，导致山西仍在资源产业上大做文章，重工业比重加重的现象更加严重。1999年是山西经济结构调整的起步年，而后的2000—2005年同样由于“黄金”煤价重工业比重却大幅上升，轻工业产值占规模以上工业总产值的比重从2000年的14.4%降到了2005年的6%。

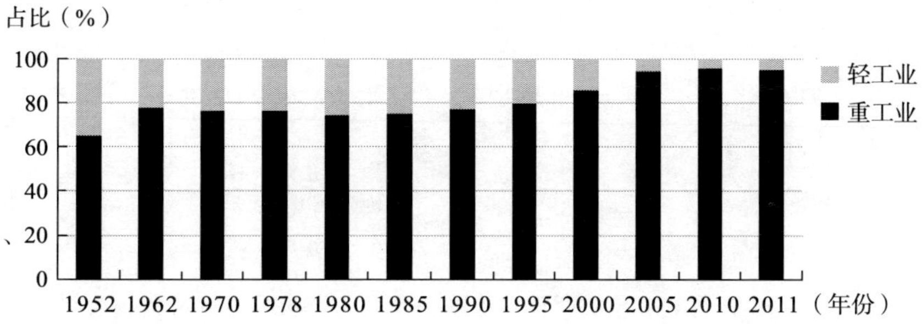

图1.3 山西省主要年份规模以上工业轻重工业比重对比图

4. 社会固定资产投资

社会固定资产投资是社会再生产的主要手段。从一个地区的固定资产投资方向可以看出未来一段时间该地区结构调整的方向。图 1.4 显示的是 2008—2011 年全国社会固定资产投资的分行业分布与山西的对比。图中显示，山西的社会固定资产投资与全国的分布差别主要体现在采矿业上。山西在采矿业上的投资与其在房地产业和服务业上的投入比重相当，明显高于其他行业；从数量上看，在采矿业的投资呈逐年递增趋势，虽然经历资源全面整合，但 2009 年后投入继续加大，2010 年、2011 年较上年增幅分别高达 50%、38%。全国社会固定资产投资主要集中在制造业、房地产业、服务业及公共服务方面。这项数据能从根本上反映出山西经济依旧在加大对资源的依赖。

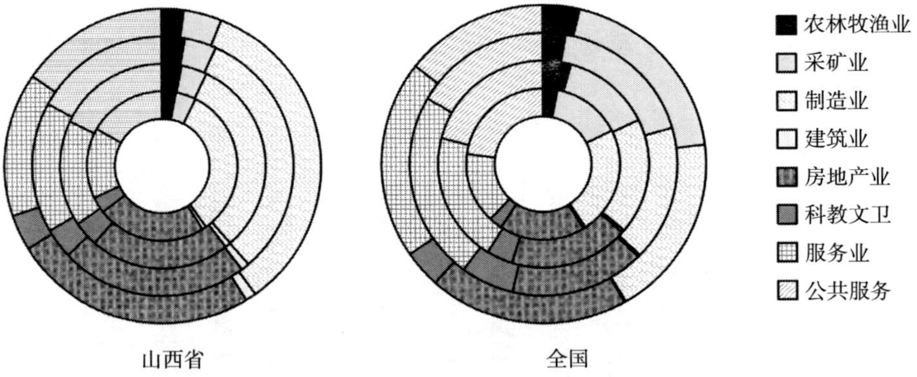

图 1.4　2008—2011 年山西省与全国社会固定资产投资行业分布对比图

1.2.2　基于民生层面的政策实施效果评价

无论是经济总量的增长还是产业结构的合理化和高级化，所有工作的最终目标都应归结到提高人民物质文化生活水平上来。但是总体上看政策本身在民生层面的制定和完善还存在不足，从执行上看资源型产业对民生层面的挤出和影响又比较严重。本节选取以下几个指标来评价政策在民生层面的实施效果。

1. 城市设施水平

城市基础设施是城市建设的物质载体，是人民从事经济活动和社会活动的前提条件，提高城市设施水平是改善民生最基本的体现。本节选取了城市用水普及率、城市燃气普及率、每万人拥有公共交通车辆、人均拥有道路面积和人均公园绿地面积五个指标，把2003—2012年山西的城市设施水平与全国平均水平作对比。表1.1显示城市用水普及率、城市天然气普及率等反映人民基本生活水平的指标逐年升高，但与全国平均水平相比仍有一点差距。2011年山西省城市天然气普及率开始高于全国平均水平，但其他三项指标远低于全国平均水平。

表1.1　2005—2012山西省城市设施水平与全国平均水平对比表

指标	地区	年份							
		2005	2006	2007	2008	2009	2010	2011	2012
城市用水普及率（%）	全国	91.09	86.67	93.83	94.7	96.1	96.7	97	97.2
	山西	90.32	89.58	92.96	93.3	95.4	97.3	97.48	97.64
城市燃气普及率（%）	全国	82.08	79.11	87.4	89.6	91.4	92	92.4	93.4
	山西	68.29	74.56	79.5	82.6	87.3	89.9	94.63	95.18

续表

指标	地区	年份							
		2005	2006	2007	2008	2009	2010	2011	2012
每万人拥有公共交通车辆（标台）	全国	8.62	9.05	10.23	11.1	11.1	11.2	11.81	12.15
	山西	5.25	5.73	6.62	6.9	7.1	7.2	7.87	8.47
人均拥有道路面积（平方米）	全国	10.92	11.04	11.43	12.2	12.08	13.2	13.75	14.39
	山西	7.93	9.06	8.55	9.5	10	10.7	11.21	11.79
人均公园绿地面积（平方米）	全国	7.89	8.3	8.98	9.7	10.7	11.2	11.8	12.26
	山西	6.02	6.63	7.13	7.6	8.2	9.4	10.17	10.82

资料来源：国家统计局。

2. 城镇居民家庭人均可支配收入

城镇居民家庭人均可支配收入可以反映出山西居民家庭生活状况，体现了一段时期政府政策在民生层面的执行情况，并能为下一段时期改善民生政策、提高人民物质生活水平提供参考。图 1.5 中的数据显示山西城镇居民家庭人均可支配收入总体低于全国平均水平，且差距没有明显缩小。全国城镇居民家庭人均可支配收入与山西省之间的比例从 1995 年的 100：75 上升到 2006 年的 100：88，而后开始又下降到 2010 年的 100：82，2012 年、2013 年有小幅度上升。就全国 31 个省市的排名情况来看，山西城镇居民家庭人均可支配收入在全国处于中等偏下水平，也曾一度排位全国倒数。

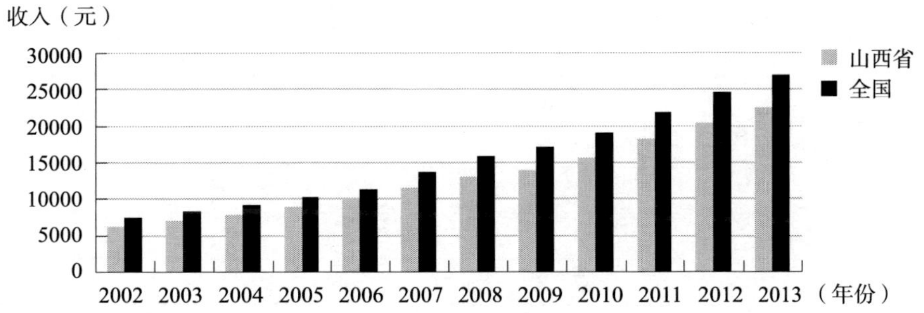

图 1.5　山西省与全国城镇居民家庭人均可支配收入对比图

3. 各产业就业情况

山西正处在经济的发展与转型时期，就业问题关乎民生、关系社会的稳定与经济的可持续发展。第一、二、三产业就业人数占就业总人数的比例是描述地区产业结构的另一个重要指标。表 1.2 显示第一产业的就业比例虽然呈递减的趋势，但总体上一直高于其他产业。随着第三产业的发展，从 2000 年开始第三产业就业比例高于第二产业，但发展速度缓慢。而全世界此项数据的统计反映出，越是人均国民收入低的国家，第一产业就业人数占就业总人数的比重越大；越是人均国民总收入高的国家，第三产业就业人数占就业总人数的比重越大。2005—2008 年，全世界低收入和中等收入国家的三次产业就业比例为 18∶27∶55，山西的比例大致为 40∶25∶35。这表明山西的三次产业就业比例呈现第一产业比例过高、第三产业比例过低的现象，也能反映出山西第三产业发展不足。

表 1.2　山西省三次产业就业人数占就业总人数比例表

单位：%

年份	第一产业	第二产业	第三产业
1985	48	29	23
1990	47	29	24
1995	44	30	26
2000	47	25	28
2003	44	25	31
2005	44	26	30
2008	40	26	34
2009	39	26	35
2010	39	26	35

资料来源：国家统计局。

4. R&D 经费投入强度

科学技术是第一生产力，科学技术水平的提高会对经济社会发展有巨大的推动作用。如图 1.6 所示，2003 年综合科技进步水平指数显示，山西省属第五类地区，即为综合科技进步水平指数低于监测标准的 1/3、但达到 1/4 的地区。此后山西省不断加大 R&D[1] 投入，但经费投入强度小于全国平均水平，且差距从 2000 年的 0.36 个百分点扩大到 2012 的近 0.9 个百分点。对科学技术的投入不够，在一定程度上影响了转型的速度，也会制约结构效益的提高。

[1] research and development，意为科学研究与试验发展，指在科学技术领域，为增加知识总量——包括人类文化和社会知识的总量，以及运用这些知识去创造新的应用进行的系统的创造性的活动，包括基础研究、应用研究、试验发展三类活动。

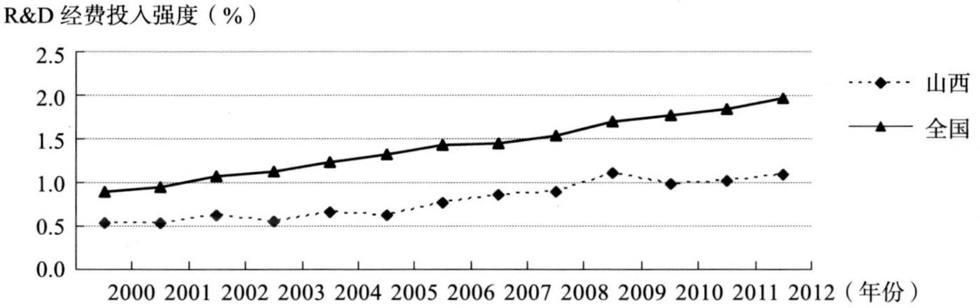

图 1.6 山西省与全国平均 R&D 经费投入强度对比图

1.2.3 基于环境层面的政策实施效果评价

山西产业的重型化结构决定了经济发展的同时必然带来的高污染和高能耗。自开展大气环境监测以来至 2006 年，山西所有城市无一达到国家空气质量二级标准。图 1.7 显示，山西省单位面积三废排放量明显高于全国平均水平，且污染有持续恶化的趋势。经历了 2004 年、2006 年的结构调整、2006 年启动的“蓝天碧水”工程，山西开始把环境保护工作成效纳入领导班子和领导干部政绩考核体系。随后一系列环境治理的考核、奖惩政策出台，但单位面积三废排放量持续走高，特别是 2009 年实行煤炭资源整合之后，2010 年的排污量不降反升、明显高于整合前的水平。

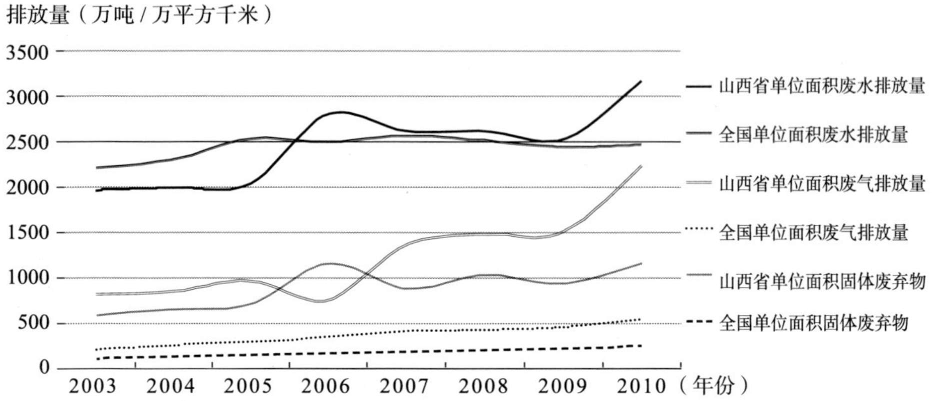

图 1.7　山西省与全国每万平方千米“三废”排放对比图

1.3　历次产业结构调整政策实施效果的原因剖析

在我国，区域划分与区域政策的实施，基本反映的是国家的宏观规划意图或是针对已经产生问题的区域进行治理，资源型地区更是如此。资源型地区以开发耗竭性自然资源而兴起或发展壮大，并以资源开发利用为主导产业，其主要功能是提供矿产品及初加工等资源型产品。自从1982年山西成为国家能源重化工基地起，山西源源不断承担着全国的能源供应，已经累计对外输出煤炭100多亿吨，占到全国省与省之间调配煤总量的70%。2012年一季度，山西累计完成原煤产量2.18亿吨、增长18.5%，累计完成出省煤炭运量1.41亿吨，增长6.3%，对外输出量占到产量的 65%。而纵观山西历次产业结构调整的政策实施效果，自身面对的则是经济排位的日趋下滑、产业结构极度畸形所致的抗风险能力差、民生层面与全国平均水平的差距及更严重的环境污染问题。山西“兴于煤而困于煤”，然而“兴”是暂时的，“困”才是长期的。

山西是全国水资源贫乏省区市之一。全省水资源总量只有 142 亿立方米，可采水资源只占 45%，在全国各省区中居倒数第二位，人均占有量不足全国的 1/5，相当于世界人均占有水量的 4.3%，而开采 1 吨煤会损耗 2.48 吨水。建设能源重化工基地势必会加重山西水资源短缺。除了产业结构重型化对经济、民生、环境的影响，煤炭行业对其他行业的挤出效应也相当严重。高利润的煤炭行业集中了资本、人才等生产要素，各级政策多倾向于此，而且无论是政府投资还是企业、个人投资，都热衷于煤炭行业，其他产业的发展受到抑制。即使社会发展各方问题日益严峻，所采取的对应政策措施也相应出台，但是根本性的问题始终没有破解。

“一煤独大”使这个资源大省成为“富饶”的“贫困”之地。山西面对一系列因煤而起的社会难题努力着可却显得苍白无力，曾一度安全事故频发。1997 年，煤炭价格大幅度下滑，迫使山西提出了“1311”调产规划，2001 年，煤价大幅度回升，调整政策不再奏效；2008 年，全球金融危机，再次迫使山西提出煤炭资源整合等策略；2010 年之后，煤价上升，采掘业投资再次大幅度上升。

山西省委主要领导在 2010 年“7.29”重要讲话的开篇就指出“山西

最紧要的问题是干部队伍对大发展思想准备不足，一些干部不敢于大发展，一些干部不善谋大发展”。一方面是内陆经济思维定式。这种思维定式使各级政府在决策的制定和执行过程中无法摆脱已有“框框”的束缚，对外开放程度不够、单纯追求生产总值增长的政绩观都是思维定式的表现。这种认知的固定倾向会严重影响决策的分析和判断，致使好的政策性建议提不出来，提出来的也不能得到有效实施。另一方面则局限在各级政府在政策制定和执行的能力上。先前对于煤炭产业的问题地方政府更多的是在考虑如何“扩张”，有了量的保障却失去了质的繁荣。《山西国民经济和社会发展第十一个五年规划》确定了“十一五”期间煤炭产量的控制目标是到2010年控制在7亿吨，而2010年的实际产量是7.41亿吨。2012年年初，山西省设定煤炭产量8.5亿吨、力争9亿吨；全国遭遇煤价下跌，为保市场稳定，国家发改委对全国三大煤炭主产地做了减产预期，其中限定山西预期产量为8.1亿吨。而上半年山西已经累计完成原煤产量4.6亿吨，也就是说下半年的产量必须限制在3.5亿吨之内。如何科学设定山西煤炭产量的“天花板”？又如何保证设定的“天花板”不再次被突破？如何让资源整合的效果体现出从“量”向“质”的转变？这是转型时期对干部执行力的巨大考验，也是“十二五”之初对资源整合效果的有力验证。

1.4　本章小结

本书认为发展经济要按自然规律和经济规律来办事，山西的生态环境已经严重破坏，如果不从源头上限制煤炭、焦炭产量，产业结构调整注定是要失败的。要实现经济的可持续发展，资源型经济更多地需要考虑衍生产业链条和新型产业的发展。

纵观历次产业结构调整政策实施的效果，从根本上来说山西的产业结构调整最缺乏的是改革的勇气和魄力。“十四五”山西面对新的历史机遇和挑战，要汲取以往历次产业结构调整的经验教训，解放思想，立足于山西人民的利益、从根本上去解决一系列亟待解决的问题，从而实现真正意义上的产业结构转型。

第 2 章　山西省产业结构转型政策执行中的问题分析

产业结构转型政策制定和执行的好坏关乎山西省经济的长远发展。国家发展改革委员会于 2010 年批复山西省为国家资源型经济转型综合配套改革试验区，为山西省实现产业结构转型提供了新的发展机遇。本章根据“十五”以来山西省产业结构调整政策的执行情况，分析政策执行中出现的四大矛盾，以期能为“十四五”规划的制定和执行提供借鉴。

2.1 山西省结构转型政策执行中的四大矛盾分析

2.1.1 整体利益与区域利益之间的矛盾

1. 山西省能源供应政策执行情况

如表2.1所示，从山西省近30年的能源供应情况看，经历了能源基地、能源重化工基地、新型能源和工业基地等过程，大致可以划分为三个阶段。

表2.1 山西省能源供应基地发展历程

时间	政策内容	政策背景及意义
1977年	山西省委向省第四次党代会提出了在1985年以前把山西建成稳产高产的农业基地和农、轻、重协调发展的、具有山西特点的工业基地的奋斗目标	奋斗目标中包含了省委把山西建设成为全国煤炭能源基地的初步构想
1979年	山西省革委主任在省五届人大二次会议《政府工作报告》中提出了山西能源基地建设的战略决策，系统地论述了山西能源基地建设问题，并对能源基地建设对山西经济结构的影响进行了阐述	标志着全省拉开了规模宏大、持续多年的、对山西经济产生深刻影响的能源基地建设的序幕
1980年	人民日报发表《尽快地把山西省建设成为一个强大的能源基地》的社论	改革开放初期，能源基地建设对全国实现四个现代化有重要意义
1980年	山西省委、省政府制定了《山西能源基地建设计划纲要（草案）》并报请中央批准	确立能源供应基地的发展战略
1982年	向国务院呈报了《关于山西能源重化工基地建设综合规划的报告》	“山西能源重化工基地”战略定位的重要标志

续表

时间	政策内容	政策背景及意义
1993 年	山西省委、省政府具体提出了“三个基础”“四个重点”的经济发展思路	对山西 80 年代以来逐步形成的以能源重化工基地建设为中心的经济发展战略进行重大调整
2004 年	山西省委、省政府提出把山西建成国家新型能源和工业基地的战略决策	以能源基地为主，开始谋取发展新型能源，通过煤炭深加工带动山西工业发展
2010 年	确立了“以建设国家新型能源和工业基地为基础，努力建设全国重要的现代制造业基地、中西部现代物流中心和生产性服务业大省，早日建成中部地区经济强省和文化强省”的转型跨越发展目标	在以重工业为主的情况下，决策层对经济发展的重新定位
2011 年	国家能源局“十二五”规划中提出“我国将逐步形成山西、鄂尔多斯盆地、西南和蒙东、新疆 5 个支撑中国经济长期发展的国家能源战略基地”	持续为国家提供能源保障 30 年，仍是国家重要能源战略基地之一

第一阶段处于区域加速建设时期（20 世纪 80 年代），以巩固山西能源生产、外输地位为区域经济发展的主要目标。但由于缺乏煤炭行业发展的长远规划，省委、省政府在国家“有水快流”方针的指导下，放手让有煤地区的群众发展小煤窑、小煤矿，社会和民间资金大量向煤炭行业集中，使得山西省能源工业得到快速发展。

第二阶段处于区域发展瓶颈时期（20 世纪 90 年代）山西对自身经济发展定位不足，在煤炭价格机制不完善的情况下依然过度依靠能源供应发展经济，以致承担了许多发展经济以外的责任。

第三阶段处于区域发展反思时期（20 世纪 90 年代末至今），山西决策层开始注重考虑区域生态环境承载能力，于 1999 年 10 月做出了经济结构调整的战略性决策。2004 年 8 月，决策层做出了把山西省建设成为国家新型能源和工业基地的重大战略决策，与传统能源重化工基地相比，新型能源基地的建设是希望通过对煤炭、电力等传统能源产业按照新型工业化的要求进行改造升级，延伸产业链、提高产品附加值、减少资源消耗，从而增强区域发展竞争力。

在对山西各地《政府工作报告》的回顾中发现，各级地方政府突出强调自身在能源供应基地中的重要地位，在为国家能源供应提供保障的过程中，主要以原煤、电力及焦炭等能源供应为主。“十五”时期以来，山西原煤外调量年均增长率为 10.43%；2001 年，原煤外调量占其生产量的比重高达 91.66%。由于煤炭资源属于上游原材料产品，受金融危机的影响，2008 年原煤外调量首次出现回落，2011 年原煤外调量逆转高达 5.8 亿吨，外调量占原煤产量的 66.6%，同比增长 13.5%。2000—2011 年，全省原煤外调量达 45.17 亿吨，以年均 3.8 亿吨的速度增长。

中华人民共和国成立以来，山西煤炭产量总量的 3/4 为国家经济建设提供了能源保障。1992 年，山西省委、省政府提出实施“经济上新台阶”的发展战略，强调经济发展过程中，“输煤、输电”并重，山西能源基地的战略地位得到进一步强化。“十五”时期以来，电力外输量从 2000 年的 119.14 亿千瓦时增长至 2011 年的 683.5 亿千瓦时，增幅高达 574%，年均增长率为 19.61%。焦炭供应在外部需求和价格因素的双重影响之下，从 2001 年的 2152.2 万吨增加到 2007 年的 6983.8 万吨，增幅高达 324.4%。2008 年，焦炭产量达 6422.19 万吨，外运焦炭占焦炭产量的比重为 76.7%。

2. 区域居民生存环境情况分析

山西省源源不断地向外省提供原煤、焦炭、电力等能源，同时能源供应产生了巨大的环境负效应，包括资源耗竭、地下水层破坏、土地资源塌陷、煤矸石堆积、大气污染等环境问题。相关统计数据表明，因产煤导致的生态环境损失达 6000 亿元，采空区面积相当于山西省总面积的 1/8，受采煤影响而遭到污染破坏的水资源量超过 15 亿立方米，约占全省水资源总量的 1/8；电力输出产生的环境负效应同样不可低估，在通过燃煤方式进行火力发电的过程中，会产生大量的烟尘、硫氧化物、氮氧化物等污染物及大量的二氧化碳等温室气体；焦炭冶炼过程中会排放出大量废水、废气、苯并芘等大量有害污染物。相关资料表明，山西省被确立为能源供应基地后的 30 年间，全省累计排放烟尘、二氧化硫分别在 2000 万吨以上，固体废弃物累计堆积量在 20 亿吨左右，工业废水近 200 亿吨，境内 90% 以上的地表水受到严重污染，接近 54% 的河流断面处于劣五类水质，区域居民生存环境恶化严重。

通过上述分析可知，山西省能源重化工基地的建立，是基于改革开放初期国家能源供给缺口大的发展现实而提出的，其主要目的是向全国提供煤炭及能源产品，从国家近期能源供应规划看，“十二五”期间乃至更长时期内，山西作为全国能源基地的地位不会改变。由此可见，煤炭工业对山西经济社会发展所起的支柱作用无法替代，而环境污染、生态恶化等弱生存条件已经决定了山西必须走可持续发展道路。

2.1.2 受困于资源型经济路径依赖与经济增长方式转变之间的矛盾

1. 资源型地区经济发展路径分析

山西省的煤炭资源丰裕地区无一例外地通过煤炭资源开发来促进经济增长，119 个县（市、区）中有 94 个县（市、区）依靠开发煤炭资源带动经济发展。大量资金、技术、人才等生产要素流入了煤炭及其相关产业领域，形成了以煤为基的产业结构，由此造成的资源型经济路径依赖凸显。

根据生命周期理论，资源丰裕地区或资源型城市一般会经历成长阶段、稳定发展阶段、衰退阶段三个阶段。当进入由盛而衰的阶段时，若经济结构不能得到及时调整，则会陷入矿竭城衰的发展困境。国务院常务会议于 2006 年 4 月 16 日通过《关于在山西省开展煤炭工业可持续发展政策措施试点的意见》，这一政策方案是希望通过煤炭深加工带动煤炭产业的转型发展。山西省委省政府基于可持续发展理念，曾于 2006 年制定了“煤炭产量零增长”的目标，并设定了“2010 年煤炭年生产总量不超过 7 亿吨”的警戒指标，希望通过限制煤炭产量形成倒逼机制。但 2010 年山西省实际煤炭产量高达 7.4 亿吨，比预计超出 5.7%。至 2011 年，煤炭产量超出警戒指标值的 24%。

从“十二五”时期以来的山西省各市区《政府工作报告》发展目标看，诸多资源丰裕地区仍然主要依靠煤炭资源的产能扩张实现经济增长。依靠煤炭工业拉动经济增长的势头不减，尽管短期内各级地方政府需要通过“以煤为主”的工业体系发展经济，而如何将煤炭资源的开采数量维持在可持续发展水平之内，已经成为山西各资源型地区必须面对的难题。

从图2.1可以看出，与煤炭相关的能源工业投资呈现递增趋势且增幅明显。2000年，能源工业占城镇固定投资总额的比重高达40%，进入“十五”时期以来，能源工业投资年平均增长率达28.6%。由于长期对能源行业保持较高的投资增长率，致使山西以能源工业发展为主的资源型经济特征愈发突出。2000年，用于煤炭行业的投资有所回落，比上年减少13.3%，表明山西产业结构调整的政策已经开始发挥作用。

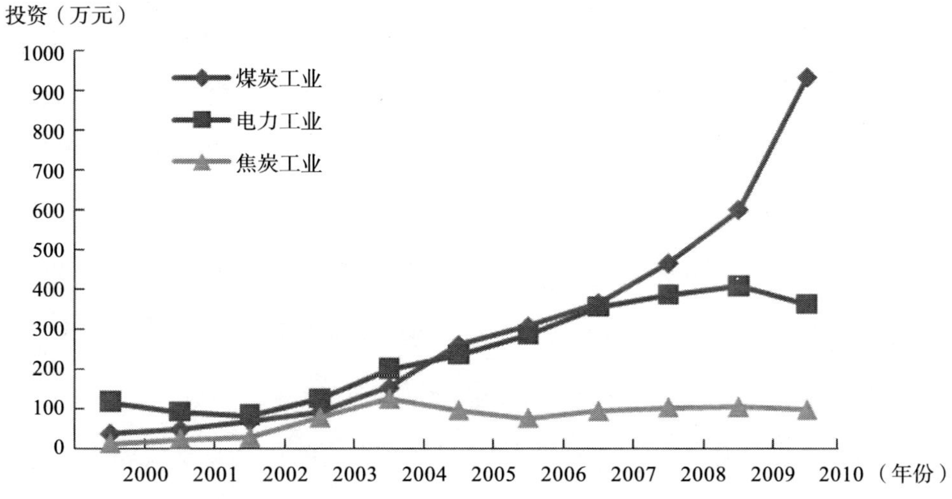

图2.1 山西省2000—2010年能源工业投资情况

而进入“十五”时期以来，受煤炭价格上涨的影响，煤炭行业投资开始回升，从2000年的36.6亿元骤升为2011年的1241.0亿元，上升幅度高达359%，平均投资增长率为34.6%。在依托煤炭资源的基础上，电力、焦炭等能源工业也得到了较快发展，由此形成了以煤炭为基础的资源型产业经济体系。“十五”时期以来，电力行业的投资增长率在-23.6%~60.3%波动，平均增长率达17.1%。焦炭行业的投资增长率波动大，平均投资增长率达43.7%。资源型产业具有资产专用性强、沉淀成本高等特征，在面临沉淀成本风险的情况下，应进一步增加能源工业的投资，由此形成资源型经济路径锁定。

2. 经济增长方式粗放型特征突出

可持续发展理论认为，一个区域的经济增长过多依赖资源，必然会削弱区域经济的可持续发展能力。在现有的能源投资趋势下，经济增长方式呈现出高投入、高能耗、高污染、低效率的特征。以煤炭资源开发为例，据估算，山西每采1吨煤约损耗与煤炭资源共生、伴生的铝矾土、硫铁矿、高岭土、耐火黏土、铁钒土等矿产资源高达8吨；每年因采煤排放的煤层气约116亿立方米，接近于西气东输的输气量；全省中煤利用率不到40%，矸石利用率不足20%，粉煤灰利用率为54%。

从全国范围看，山西省单位地区生产总值的能源、原材料和水资源消耗量大大高于全国平均水平。根据《中国经济增长质量报告（2012）》中山西省经济增长质量的情况看，2000年以来，山西省的经济增长质量变化较为明显，经济增长质量指标由2000年的0.663下降至2010年的−0.16107。在经济增长的效率方面，存在的主要问题是技术创新能力较弱、高新技术产业发展不足、科技对经济发展的支撑力有限，经济可持续发展缺乏足够的动力。

为了改变粗放型经济发展现状，山西省委、省政府多次提出产业结构调整的发展思路，将结构调整的重点任务明确为能源、冶金、装备制造、新型材料、化学医药、农畜产品加工业、旅游文化和现代服务业七大产业领域，但区域技术创新能力不足以支撑这些产业的发展。从 2011 年山西省 R&D 经费投入强度看，呈现全省平均水平较低且区域之间分布不均衡的特点。太原市 R&D 经费投入强度为 2.93，而吕梁、临汾、大同等地区的 R&D 经费投入强度分别为 0.19、0.46、0.54，远低于全省平均水平。全省平均水平为 1.01，又低于同期全国水平的 1.83，显然科技水平不能满足产业转型发展的需要。

2.1.3　注重于短期利益与着眼于长远发展之间的矛盾

地方政府对微观经济主体的调控能力，关乎区域能否实现长远发展目标。相关调查数据显示，山西全省现有 87 个产煤县的财政收入的 40%~50% 来自煤炭相关行业。其中国家级重点产煤县 36 个，财政收入 70% 以上来自煤炭相关行业。加上煤焦产品的各项政策性专项基金收入，全省煤炭工业的收益占全省可用财力的 50% 左右。这些数据表明地方政府对由煤炭资源产生的财政收入依赖性很强，给各级政府协调短期利益与长远发展增加了难度。

2.1.4 个人利益与集体利益之间的矛盾

1. 经济利益寻租问题突出

世界经验表明，资源丰裕地区容易引发寻租问题。山西省焦煤领域腐败问题尤为突出，甚至有人通过入股办矿、审批监管、资金划拨、票据管理等手段进行设租寻租。2006 年，山西省查处的非法煤矿有 4200 座之多，其数量超过了合法煤矿数量，根源在于个别党政领导干部违规入股经营煤矿并为非法生产经营活动提供保护伞。例如，郝某鹏在担任山西蒲县煤炭局局长期间，利用职务之便，通过非法手段取得煤矿采矿证，在资源开发过程中，形成了“官煤勾结”的利益链条，参与开矿时间长达 20 年，高达 3.2 亿元的非法财产收入超出蒲县政府当年的财政收入。这种违法行为造成国有资产严重流失、煤炭资源的无序开采、矿难事故频发及生态资源环境恶化。

资源租金的分配基本靠政治手段进行支配，在产权制度不合理和相关法律不健全的情况下，某些作为维护市场公平秩序的管理者，在管理中采取的是实现自身利益最大化的行为，参与了煤炭价值的再分配过程，与煤炭生产企业形成利益共同体，制约和阻碍了山西产业发展目标的实现进程。

2. 民生问题改善

从山西省区域发展的实际情况看，资源带来的经济收益并未很好地转化为民生收益。从 2011 年山西区域居民收入水平看，城镇居民人均可支配收入为 18124 元，位居全国 21 位，农村居民人均纯收入为 5601.4 元，位居全国 22 位。由此可见，山西经济发展水平相对落后，城乡居民收入水平低且排位靠后。表 2.2 是在《地区发展与民生指标编制方案》的基础上研究并测算的各省最新发展与民生指数表，数据显示山西省发展与民生指数值偏低，与最高值的省区市相差悬殊，总体上排名靠后。

表 2.2　2001—2011 年山西省发展与民生指数

项目	2001 年	2002 年	2003 年	2004 年	2005 年	2006 年	2007 年	2008 年	2009 年	2010 年	2011 年
山西省发展与民生指数（%）	36.26	39.06	39.32	39.92	41.81	44.46	46.64	48.84	51.76	54.27	56.43
全国发展与民生指数最高值（%）	66.98	68.77	69.78	73.65	75.99	78.38	81.44	83.11	84.89	85.41	87.93
山西省发展与民生指数在全国的排名	24	22	22	23	22	19	20	24	21	21	22

数据来源：《地区发展与民生指标编制方案》。

2.2　四大矛盾的产生根源分析

从山西省近 30 年的能源供应政策执行情况看，大致经历了三个阶段。

第一阶段，以巩固山西能源生产、外输的地位为主要经济发展目标。在资源制度缺失的情况下，煤炭行业发展缺乏长远规划，由此造成开发方式失当。1983—1990 年，全省煤矿数量净增 3 倍，达 6000 多座，对煤炭资源进行群体式、掠夺式开采。

第二阶段，过度注重满足国家的能源需求。在实施能源重化工基地发展战略的过程中，对自身经济发展的定位认识不足，在煤炭价格机制不完善的情况下，过度依靠能源供应发展经济，以致山西承受了过多的市场化以外的责任。

第三阶段，未切实考虑山西的生态环境承载能力。根据2004年中国科学院可持续发展研究报告显示，山西省的可持续发展能力、生存支持系统、环境支持系统分别排在全国第28位、第31位和第30位。面对如此严峻的生态环境承载能力，山西应该依托现有的煤炭资源优势，在国家宏观层面发挥能源供应基地的影响力和话语权。从目前的国家能源供应规划看，山西作为全国能源基地的地位不会改变，煤炭工业对山西经济社会发展所起的支柱作用无法替代，但执行国家能源供应政策还是应从山西的实际情况出发。

克服资源经济路径依赖与经济增长方式转变之间的矛盾，需要实现从资源依赖模式向技术支撑模式转变，从单纯的数量增长模式向可持续发展模式转变，从“一业独大”模式向数业并举、集群发展的模式转变。当前，山西陷入了产业结构“越调越重”的怪圈，各地区“以煤为基”的资源经济定位得到强化，“多元发展”的成效却明显不足。山西产业结构转型是一个长期渐进的过程，具有很强的艰巨性和长期性。各级地方政府在资源依赖固有观念的影响之下，依然困守在发展煤炭经济的思维上，主观上不愿去扭转产业结构重型化的局面，产业结构转型执行情况与“依托煤而不依靠煤，立足煤而不依赖煤”政策目标还相距甚远。

地方政府受到信息收集机制不完善、产学研合作不积极等因素的制约，导致发展规划的科学性不足。例如，山西省煤化工产业在“十二五”期间投资将超过 5000 亿元，然而，早在 2009 年煤化工产业已被国家列入了重复建设和产能过剩行业；另外，发展规划制定过程中专家论证、公众参与等程序缺乏，项目审批环节中的环境评价常常流于形式。

在以生产总值增长为主要考核依据的“晋升锦标赛”的制度激励下，导致生产总值增长目标在各级地方政府中出现层级扩大的现象。以 2012 年为例，山西省生产总值增长目标为 12%，而各市区的生产总值增长目标都在 15% 左右，地方政府领导将主要精力集中于易出政绩的“显性”领域，对科技投入、公共教育支出等方面投资严重不足。在分税制制度下，地方政府财政收入以本地区税收为主，基于山西“工业结构重型化特征突出”的现状，“高耗能、高污染”企业成为各级地方政府财政税收的主要来源。地方政府淘汰落后产业的积极性不强，与生产总值增长考核指标相比，节能减排指标在政绩考核中所占比重应引起重视。

2.3　县域发展规划实施中的风险分析

县域经济发展的好坏对整个省域的发展有着重要的影响，因此科学的县域发展规划与有力的政策执行尤为重要。县域发展规划包括产业发展详细设计、城镇体系调整规划、人口控制规划、社会事业调整规划、基础设施建设规划等方面，本节主要以某县为例，对其产业规划和城镇规划实施中的风险进行分析。

2.3.1 产业规划实施中的风险分析

县域产业发展规划实施中的风险分析，主要从产业规划的政策导向、产业项目投资方向、资源型经济主体的变化趋势、固定资产投资情况四个方面分析。

1. 产业规划制定中的风险分析

产业规划内容制定反映了县域产业发展的政策导向。在县域产业规划的制定过程中，基层政府决策层应立足于自身资源优势和现有产业基础选择支柱产业，从全国及区域产业分工体系中寻找自身定位，进而从战略层面确定区域发展方向。如表 2.3 所示，从某县产业发展目标的确定上看，决策层不断探索适合本区域的产业发展定位，按照省级政府的发展思路，对本地产业规划进行布局，与以往相比“十二五”时期的产业发展方向趋于多元化，提出了“全省能源化工基地、核桃产业基地、旅游目的地和集散地城市和区域性现代服务业中心”的产业发展方向。

表 2.3　某资源型县域产业规划内容

时期	产业规划内容
“十一五”	从调整产业结构方面看，提出了做好“三转一开发、壮大六大优势产业、积极培育新兴产业”的发展目标。六大优势产业分别为煤炭产业、焦炭产业、化工产业、冶金产业、建材产业、电力产业，并对主要企业的产能产量指标做出明确规划；而在“积极培育新兴产业”的发展目标方面，较为宏观地提出“重点发展旅游服务、食品加工、文化制品、服装、房地产及以信息、生物、环保为主导的高新技术产业”等内容。从加快工业新型化的具体措施上看，主要包括：①建设四个工业园区，加快工业集聚；②抓好龙头企业，培育四大企业集群；③实施项目带动，抓好 20 个重点项目；④加快交通电力基础设施建设
“十二五”	提出了“建设新型工业强县、打造核桃经济大县、创建现代旅游名县”的战略发展目标，做大做强煤炭产业，加速发展铝工业、风电、光伏发电、汽车配件、机械制造、建材、冶金等新的支柱产业，积极培育新型高端产业，着重强调了“加快煤、焦、电、冶、建材等传统产业的改造升级，实现增产增效”。具体措施包括：创新产业发展模式、传统产业提质增效、加快培育战略性新型产业、加快建设工业集聚区等措施建设新型工业强县

这一产业发展指向的主要转变在于，突出煤炭资源优势的同时，注重发挥旅游业的比较优势。但由于某资源型县域地处山西省重点焦煤基地，自身发展过程中承载着能源供应的任务，在“十二五”时期县域发展规划内容中仍然强调煤炭资源生产能力的提升。山西省各级地方政府都是以省级层面的宏观布局为导向，地方政府决策层在区域发展目标的产生过程中，容易受到相邻地区发展方向和发展目标的影响，在这种情况下，可能导致产业同质化现象发生。

2. 产业项目投资中的风险分析

产业项目投资情况反映了区域产业规划实施的具体情况。从产业项目选择上看，煤矿改扩建工程、选洗煤项目、机焦项目依旧是产业项目投资重点。尽管在提高煤炭附加值方面做了不少尝试，但这些产业项目投资占经济总量比重依然较小，对区域经济增长带动能力弱；从产业项目的投资规模及技术含量上看，部分符合产业调整政策目标的产业项目呈现出规模小、技术含量低等特征。“十二五”时期产业项目投资情况较以往相比，趋于规模扩大化、多样化，更加注重资源的深加工利用及非煤产业项目的投资，但转型项目之间的产业关联性不强。

如表 2.4 所示，从某县 2011 年对外发布的招商引资政策内容看，确定了鼓励投资的方向，其中工业投资方向为机械、冶金、能源（煤矿除外）、建筑建材、食品加工、化工、高新技术等产业，并从土地优惠、税收优惠、收费优惠、人才优惠、引进技术优惠、对投资者和引资者的奖励、提供优质服务等方面提出多项优惠政策。随着山西省转型力度的加大，基层政府招商引资观念发生转变，不再引进采挖资源型企业，开始利用税收优惠、土地政策、补贴等优惠政策吸引大型投资项目落地。而这些优惠政策往往落入了达到扶持标准的有实力的本地资源型企业和外来企业手中，给大型企业带来了基于优惠政策的虚假竞争优势，可能会导致稀缺资源配置错误。

表 2.4　某县不同时期产业项目投资情况

时期	产业项目投资情况
“十五”	万亩杏园建设及果产品综合加工、獭兔养殖与加工及饲料加工、二十万吨瘦肉型猪产业化生产、煤矿技改工程、煤矿改扩建、选洗煤项目、机焦项目、发电项目、煤气发电项目、洗煤扩建工程、五万吨甲醇技改项目、旅游开发
“十一五”	养猪项目、蛋鸡项目、肉牛养殖示范项目、核桃林管护工程、奶制品加工、新建饮料加工厂、中药饮片加工、新建洗煤厂、煤矿改扩建、煤矿技改、新建煤矿、粉煤灰空心砖、六万吨甲醇项目改造、新建焦化厂、煤矸石烧结砖、合成氨尿素化肥、新建石材厂、电厂技改、旅游开发
“十二五”	养牛基地建设、养羊基地建设、核桃深加工项目、煤炭资源兼并重组整合项目、铝工业循环经济园项目、千万吨煤焦化循环经济园区、金属镁及镁合金项目、合成氨及尿素项目、风景区开发项目、文化主题公园项目

3. 资源型经济主体变化趋势

产业结构转型过程中，由于市场机制在资源垄断、资源技术和资本壁垒等方面的调节作用有限，政府需要采用调整、诱导、保护、扶植、改造、限制、淘汰等措施，加速产业结构的转换。资源型地区经济主体的变化趋势是产业规划实施成效的重要反映之一，如表 2.5 所示，某县从事重工业的企业数量呈现出持续增长的态势，尤其是受煤价上涨的影响，2003—2004 年，从事重工业的企业数量增加达 50 个。其中某县重工业的构成以煤炭开采和洗选业为主，且都属于煤炭资源的初级加工形式，从事煤炭开采和洗选业的企业的绝对数量呈上升趋势，且多以小型民营企业为主。

表 2.5　2001—2011 年某县经济主体构成情况表

依据	类型	2001 年	2002 年	2003 年	2004 年	2005 年	2006 年	2007 年	2008 年	2009 年	2010 年	2011 年
产品用途	轻工业（个）	0	0	0	0	0	0	0	0	0	0	0
	重工业（个）	32	37	44	94	84	85	117	208	143	120	123
企业规模	大型企业（个）	0	0	0	0	0	0	0	0	0	0	4
	中型企业（个）	0	0	4	6	0	13	15	23	0	24	19
	小型企业（个）	33	37	40	88	84	72	103	185	143	96	100
煤炭开采和洗选业（个）		23	24	—	79	68	68	101	191	129	107	112
在重工业中占比（%）		71.8	64.8	—	84	80.9	80	94.4	91.8	90	89.2	91
在小型企业中占比（%）		69.7	64.8	—	89.7	80.9	94.4	98	100	90	100	100

而从国家产业结构调整政策要求看，煤炭开采和洗选行业属于落后产能行业。山西省政府在“十二五”发展规划中明确指出“加快发展新兴产业和高新技术产业，从严控制一般性传统产业项目，不再布局煤炭、焦炭、冶金、化工、水泥等项目，对现有高耗能、高污染、资源型项目要逐步关停淘汰或搬迁改造”。而 2011 年煤炭开采和洗选企业数量再次呈现出增加趋势，这种发展模式不利于防范资源开发所带来的风险，甚至会带来新的发展问题，不利于县域经济的可持续发展。

4. 固定资产投资分析

产业结构调整取决于既定宏观调控政策下的固定资产投资流向，矫正产业结构必须从调整投资方向入手，以增量投资扩大与存量投资调整为手段以及时而有效的政府调控，能够使产业结构由不平衡向平衡状态演变。从表 2.6 中可以看出，第一产业占固定资产投资的比重呈现出持续上升趋势，但与第二产业相比，所占比重仍然很小；2006 年以来，采矿业成为行业固定资产投资中比重最大的行业，于 2011 年达到峰值状态，同时制造业占固定资产投资比重整体上呈现下降趋势。与此相比，文化体育和娱乐业在固定资产投资中的比重较小。

表 2.6　2003—2011 年某县固定资产投资占比情况

单位：%

类型		2003 年	2004 年	2005 年	2006 年	2007 年	2008 年	2009 年	2010 年	2011 年
第一产业（农林牧渔）		5.87	1.78	0.29	0.22	1.57	3.52	6.98	9.86	13.22
第二产业	采矿业	19.97	6.59	26.18	40.22	42.35	35.59	35.05	36.95	49.85
	制造业	46.58	64.62	41.09	5.42	21.46	13.93	11.19	9.06	7.55
	电力热力供应业	3.50	6.46	4.15	8.07	4.51	8.69	5.02	5.66	1.87
第三产业	教育	2.71	2.74	4.22	3.58	1.48	0.22	0.92	1.95	1.29
	科学研究	0.00	0.00	0.00	0.00	0.00	0.00	0.17	0.00	0.03
	文化体育和娱乐业	0.13	0.04	1.82	0.00	0.00	0.00	0.00	1.00	2.22

由此表明，新兴产业增量投资增长缓慢，传统产业存量投资增长过快，地方政府对市场主体投资行为的调控力度明显不足，出于完成政绩考核目标的需要，甚至可能会放松监管。2004 年教育行业投资占固定资产投资比重达到峰值，仅占固定资产投资的 4.22%，之后处于下降趋势，

科学研究投资状况也不容乐观，多数年份出现投资为零的情况。从突破路径依赖的角度看，可以通过技术创新打破原来的发展机制。但资源红利使得资源型企业形成了认知性锁定，还未形成通过技术创新打破传统发展路径的良性发展机制。

2.3.2 县域城镇规划实施中的风险分析

1. 城镇规划内容制定环节的风险分析

县域城镇规划是对县域范围内城乡各项建设的总体规划，是县域发展规划的重要组成部分。如表 2.7 所示，某县“十一五”规划和“十二五”城镇规划中都提出了以完善城镇功能和统筹城乡发展为重点内容。其中，“十一五”时期以建设社会主义新农村为重点，而“十二五”规划与省级政府的市域城镇化目标保持一致，提出县域城镇化目标，以重视空间布局为主。但未明确政府与社会参与主体的职责权限，采煤沉陷区的民生保障措施缺乏。从城镇化率水平看，省级层面制定的城镇化率目标为55%，某县制定的城镇化率目标为 60%，这一数据表明基层地方政府在指标制定上表现出的积极性，而过高的城镇化目标可能导致土地城镇化快于人口城镇化。

表 2.7　某资源型县域城镇规划内容

时期	城镇规划
“十一五”	以“完善城镇功能，统筹城乡发展，建设社会主义新农村”为发展主题，按照“生产发展、生活富裕、乡风文明、村容整洁、管理民主”的要求，全面推进社会主义新农村建设。统筹城乡发展，加强村镇规划建设的引导和管理，整合村镇资源，建设与新型能源化工基地相匹配的、产业结构合理、环境舒适安逸的农村乡镇体系。具体措施包括：加快中心城区的开发与建设、加快特色城镇的开发与建设、加强城市经营管理、以工携农、创优农村发展环境、优化农业结构、加快农民非农化
“十二五”	“以城乡统筹发展为手段，加快县域城镇化建设”为主题，遵循统筹规划、合理布局、完善功能、彰显特色的原则，按照“两城六镇六乡百村”布局，加快推进县域城镇化，完善城乡基础设施，形成城镇化与工业化、城镇化与新农村建设良性互动的发展格局。具体措施包括：实施大县城战略、加快特色中心镇建设、加强中心村建设

2. 城镇化过程中的风险分析

城镇化可以理解为经济要素在城镇与乡村之间的空间配置过程，长期受“重城市建设、轻农村发展”的影响，城乡发展不平衡问题突出，城镇化水平的质量低于城镇化水平的速度。发展经济学认为，城镇化的过程是人口持续不断地从农村地区向城镇转移的城镇化过程，和以农业为基础的经济向以工业和服务业为基础的经济转变的工业化过程。因此，城镇化的作用表现在促进产业结构的升级和创新，尤其是要通过农村地区的产业发展来支撑城镇化目标的实现。

但从实际情况看，工业化进程中的污染源持续向农村转移，农村地区“脏、乱、差”的局面没有得到根本性改变，且尚未形成特色农业产业，不足以支撑新农村建设的发展。合理地进行城镇布局和资源配置是缩小城乡差距的关键。从实际情况看，城镇建设用地结构不合理问题突出，工业用地规范性方面存在诸多隐患，时常出现工业用地挤占农业用地、工业园区用地补偿不到位等问题。

2.4 本章小结

在资源依赖固有观念普遍存在的情况下山西省尚未形成合理未形成合理有效的机制以约束煤炭资源的扩张性增长。由于传统产业经济收益远远高于新兴产业的经济收益，造成地方政府依靠传统落后产能实现经济增长的短视行为突出。总之，应深刻认识产业结构转型政策执行中存在的矛盾，识别规划实施过程中的风险，并努力化解这些矛盾和风险。

第 3 章　山西省产业结构转型指导思想的重新思考

产业结构转型指导思想决定了产业发展方向，山西省“一煤独大”的产业格局是在转型过程中有意无意地偏向煤炭行业造成的必然结果。“三个基本不变”“以煤为基，多元发展”是山西省产业转型中曾提到的两个重要原则，本章主要对这两个原则进行重新思考，以期为山西省产业结构转型找到新的方向。

3.1　应适应时代发展的要求

“三个基本不变”即“煤炭作为我国的主体能源不变，山西省作为重要的能源供给基地不变，煤炭作为山西省的主导产业不变”，这是1980年为了解决经济发展中的能源短缺问题提出的。当时刚刚确立以经济建设为中心的基本路线，全国各项工业快速发展，作为国民经济的命脉，能源供应必须跟上。经过几十年发展，国内经济基础和上层建筑都发生了变化，运用旧问题的解决方法已经不能处理新矛盾。

3.1.1 人民对自身生存环境有了更多关注

从“三个基本不变”提出到现在，我国的经济飞速发展，人民生活水平发生了质的飞跃。恩格尔系数是国际上通用的衡量一个国家居民生活水平的一项重要指标，一般随居民家庭收入和生活水平的提高而下降。联合国根据恩格尔系数的大小，为世界各国的生活水平设定了一个划分标准，即一个国家家庭的平均恩格尔系数大于60%为贫穷、50%~60%为温饱、40%~50%为小康、30%~40%属于相对富裕、20%~30%为富裕、20%以下为极其富裕。根据统计数据，1980年我国仅有19.4%的城镇人口刚刚到达温饱标准，全国平均恩格尔系数为60.8%，属贫困国家，当时全国绝大多数人的温饱问题都没有得到解决（见表3.1）。

表 3.1　城乡居民人均收入及恩格尔系数表

年份	城镇居民			农村居民		
	人均可支配收入（元）	恩格尔系数（%）	占人口比重（%）	人均纯收入（元）	恩格尔系数（%）	占人口比重（%）
1980	477.6	56.9	19.4	191.3	61.8	80.6
2014	29381.0	30.0	54.8	9892.0	33.6	45.2

注：本表为城镇住户、农村住户抽样调查资料。

数据来源：中国统计年鉴 2015。

如图 3.1 所示，根据马斯洛的需求理论，人类的需要是分层次的，由低到高依次为：生理需要、安全需要、社交需要、尊重需要和自我实现需要。只有当低一级的需要满足时，更高层次的需要才会出现。在多种需要都未得到满足前，首先满足迫切需要，该需要满足后，后面的需要才显示出其激励作用。一个国家大多数公民的需要跟该国经济水平直接相关，1980 年，我国还处于最低温饱阶段，此时公民的生理需要发挥最大激励作用。为满足这一需要，国家会将经济增长放在首位，“三个基本不变”就是在当时的社会背景下提出的。

从 2014 年的恩格尔系数可以看出，在剔除消费品价格、生活习惯等因素的影响后，恩格尔系数达到了相对富裕水平，绝大多数居民的生理需要已得到满足。低一级的需要得到满足时就会产生更高层次的需要，安全和社交需要上升为社会主导。生存条件、经济发展方式、居住环境安全等问题，开始引起普遍关注。治理雾霾、降低 PM2.5、低碳生活等词汇高频出现在生活中，空气质量有了量化标准，居民对自身生存环境从无关注意识已经上升到懂得用法律武器来维护的状况。由于煤炭属于高耗能高污染行业，不论是将煤炭作为国家主体能源还是作为山西省的主导产业，都与公民的高一级需求相悖。因此“三个基本不变”已经不符合时代的要求。

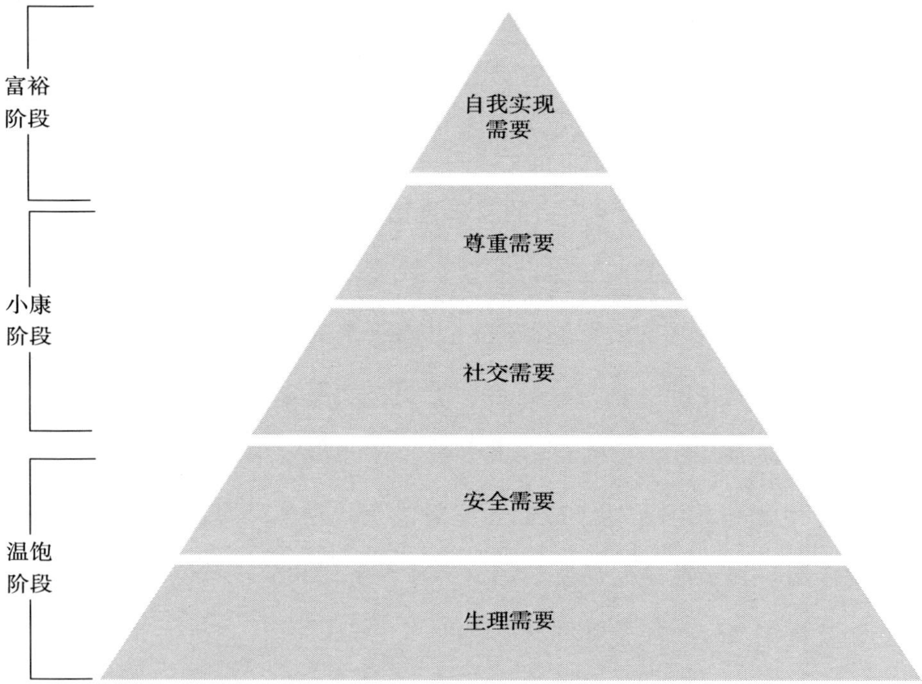

图 3.1　马斯洛需求理论与经济发展阶段的关系

3.1.2　煤炭产量已近资源环境承载极限

长期开采煤炭给山西省生态环境系统造成一系列影响。平均每生产1亿吨煤造成的水土流失面积约为245平方千米，中华人民共和国成立以来，山西省已开采 140 亿吨煤，采煤导致的水土流失面积接近山西省国土面积的 1/5。平均开采一吨煤用水约 2.48 吨，水资源破坏面积累积达 20352 平方千米，占全省总面积的 13%。另外，开采还造成了矿区特有的悬空现象，目前采空区面积达 5000 平方千米以上，约占全省面积的 3%，其中沉陷区面积约 3000 平方千米（占采空区面积的 60%）。

如图 3.2 所示，采空塌陷带来的灾难几乎是毁灭性的：地下被挖空之后，地表岩石发生裂隙和断移，地下水乘虚而入向下渗漏，造成地表塌陷和水资源枯竭。全省大面积地下水系统被破坏，河水断流，水产品灭绝，水井水库干枯，地表植被得不到灌溉成片死亡、粮食减产甚至颗粒无收。全省主要矿区内，平均每公顷耕地粮食减产 250 千克，每年减少粮食产量达 1.17 亿千克。矿区每年新增塌陷区面积约 94 平方千米，山体滑坡、泥石流等地质灾害日趋严重。而这还只是煤炭开采对生态环境损害的一部分，还有更多方面尚未得到确切统计。

中国是典型的多人口、低人均资源国家，而山西省人均水资源量、人均稳定耕地面积、人均住房面积又都低于国内平均值。山西省土地面积只有全国的 1/60，却生产出了全国 1/4 的煤炭。环境是有限的，人的欲望却无止境，若基于利益追求不断扩大产量，山西省本已脆弱不堪的生态环境终有一天会因无力承受而陷入崩溃。中国科学院 2014 年发布的《中国可持续发展战略报告》显示，山西可持续发展总能力在全国排第 24 位，环境支持系统排第 27 位，生存支持系统排第 29 位。山西后续发展乏力，生态生存环境岌岌可危，以煤为主导的发展模式必须终结。

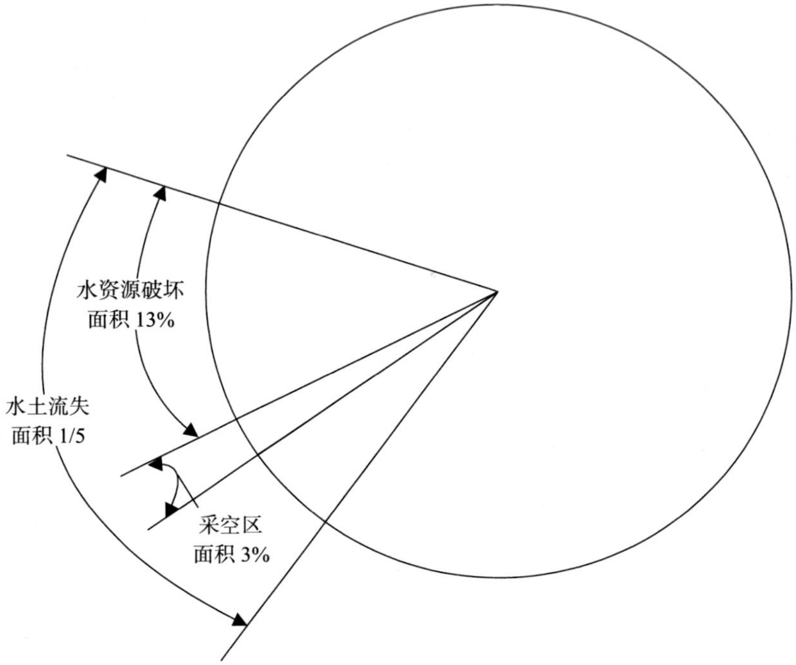

图 3.2　山西省生态环境破坏面积比例图

3.1.3　可持续发展是时代主流

相关数据显示，2020 年，非化石能源占一次能源消费总量的比重要达到 15% 左右，到 2030 年达到 20% 左右。同时逐渐降低煤炭消费比重，到 2020 年，煤炭消费比重控制在 62% 以内。随着居民对自身生存环境关注程度的提高，传统的粗放型发展模式将引起反思。这种高能耗、高污染、低效益的发展模式对人类生存环境造成了恶劣影响，转变经济发展方式、提倡可持续发展成为当下经济发展中最鲜明的标志。

2014年，全国煤炭消费量较2013年下降2.9%，呈负增长状态，而全国GDP增长7.4%,依然保持较高水平。经济增长与煤炭消费增长的脱钩，意味着我国正在逐渐摆脱煤炭依赖。能源作为支持国民经济发展的“粮食”，发展清洁能源对提高经济发展质量和人民生活质量意义重大。

“三个基本不变”将煤炭产业长期定位为山西省的主导产业，根据化石能源行业的发展规律，随着能源行业逐渐走向中高端，挖掘效率的提升必然会加速能源耗竭的速度，最后能源行业主导地区面临的是衰败或转型。这是由化石能源的不可再生性决定的，西方后工业国家如美国钢铁之城的休斯敦、德国的鲁尔工业区等已经历过。世界各国都已经意识到将化石能源作为主力能源的不科学性，开始大力推动清洁能源发展。我国各级政府已经将节能减排指标与其他主要经济社会发展指标一起纳入政府考核体系，推广绿色节能的可持续发展成为时代主流。

煤炭等化石能源消费在我国能源消费结构中的比重逐年降低，清洁能源消费需求增长迅猛。天然气、核能、风能、水能和太阳能是目前广泛使用的清洁能源，不仅环保高效，还是可再生能源。水能、核能、风能和太阳能主要用于发电，天然气作为燃料不仅用于工业和居民生活，还用于汽车。风能利用方面，我国现已成为世界上风电规模最大、光伏发电增长最快的国家。由表3.2可以看出，2014年，我国能源产量增长率中，煤炭及火电产量都呈负增长，而天然气、水电、风电、核电及太阳能发电增长率基本都在10%以上，尤其是页岩气生产量，年增长5.5倍。页岩气是蕴藏于页岩层可供开采的非常规天然气资源，是一种清洁、高效的能源资源和化工原料，主要用于居民燃气、城市供热、发电、汽车燃料和化工生产等，用途广泛，还具有开采寿命长和生产周期长的优点。

表 3.2　2014 年能源产量增长率对比表

单位：%

能源	天然气			水电	风电	核电	太阳能发电	火电	煤炭
	常规天然气	页岩气	煤层气						
能源产量增长率	9.8	550	23.3	21.8	12.2	13.2	171	–0.3	–2.5

资料来源：中国统计年鉴 2015。

截至 2014 年年底，我国已探明页岩气地质储量 1067.5 亿立方米，三级地质储量接近 5000 亿立方米，成为世界上可采储量第一的国家。在国内能源的生产和消费主力向清洁能源转移的趋势下，提高页岩气开采技术，可以有效缓解油气短缺造成的供需不平衡现象。2015 年，我国非化石能源在能源结构中占比超过 10%，化石能源比重进一步下降，能源市场消费结构在不断发生着变化。固守煤炭行业“三个基本不变”，已经失去原有的意义，甚至会有碍可持续发展，这种落后观念必须摒弃。

3.2　应强化战略战略意识

“以煤为基，多元发展”战略是在 2010 年 7 月 29 日山西全省干部大会上提出来的，当时山西省高层决策者认为山西的优势在煤、山西的潜力和希望也在煤，因此山西省的经济发展必须做好煤炭及其延伸产业的文章。这一战略提出后，山西省围绕煤炭产业逐渐衍生了煤化工业、煤炭装备制造业、煤炭物流等多项涉煤产业。

山西省在以煤炭为主导的产业结构下，为国家经济建设做出了卓越贡献，也推动了山西省的经济发展，却也导致了对煤炭产业的严重路径依赖。在调整结构时总是有意无意地围绕着煤炭，随着社会发展，煤炭行业暴露出来的隐患越来越多，"以煤为基"的观念无疑禁锢了山西省的转型发展。

3.2.1　落实国家去产能政策

为深入贯彻落实科学发展观，加快转变经济发展方式，促进产业结构调整和优化升级，推进节能减排，国务院提出了淘汰落后产能、整治过剩产能的目标和举措。2013 年 9 月发布的《大气污染防治行动计划》就明确提出：要加快调整能源结构，增加清洁能源供应。具体目标为：到 2017 年煤炭占能源消费总量降到 65% 以下。煤炭行业被列入重点整治对象，并由国家能源局下发文件落实煤炭行业淘汰落后产能工作。煤炭行业产能过剩、资源浪费严重，其高能耗、高污染、低产出的发展方式是导致发展质量和效益不高、竞争力不强的重要因素之一。

产业结构转型是场持久战，因为投入任何一项新的行业，在获利前都要经历破冰前的攻坚期。这段时期主要是开发和培育市场，期间可能利润很小，存在影响经济增长的风险。地方执政者都会有意识地规避这种风险，选择固守原有行业。在煤炭产能过剩已成定局之后，山西省2013年、2014年分别出台了“煤炭20条”“煤炭17条”助力煤炭行业发展，并在全国率先推出清理涉煤收费、全面展开煤焦公路运销体制改革、推进资源税从价计征改革等一系列改革措施，为煤炭行业发展清障。因此，“以煤为基，多元发展”实际上是山西政府保产能与国家去产能政策博弈的结果。煤炭在产业结构中的比重得不到缩减，经济发展还是建立在煤炭基础上，一旦市场对煤炭的需求进入疲软期，经济便再次陷入泥沼。

3.2.2 煤炭行业优势在弱化

煤炭作为工业原料和燃料，跟其他能源相比，优势主要体现在储量及价格方面，依靠高市场占有率获得盈利，走的是薄利多销路线。当市场有变，价格低于成本时，这种产业反而受产量大连累，亏损最严重。山西省曾经在经历了持续二十几个月的价格下跌之后，煤炭行业并没有迎来行情逆转，而是需求不振与供给过剩的持续恶化。一方面源于日渐萎缩的市场需求，另一方面是持续扩大的产能。供应量过度而需求量不足产生的“剪刀差”成为煤炭企业共同面临的难题。

煤炭按用途可分为动力煤和炼焦煤。作为动力煤主要用于火力发电，然而火电用煤这个“盘子”本身有限，装不下太大的“蛋糕”。近年来，电力煤除了受到进口煤冲击外，随着西电东送数量的增加，沿海部分地区火电压力减轻，动力煤消耗量大幅减少。炼焦煤则主要应用在钢铁生产中，钢铁也是产能严重过剩行业，钢铁企业停产限产现象普遍存在，钢铁产能的淘汰势必会造成煤需求的下降。两大耗煤主体需求持续减少，市场在收紧，煤炭需求这块“蛋糕”还会缩小。

政策和消费者偏好决定了市场占有率。可持续发展推动了清洁能源的发展，给煤炭带来了竞争压力，煤炭行业要受到内需减少和清洁能源增加的双重挤压。同时，公民对治理雾霾的呼声越来越高，环保、清洁能源成为开发重点，核电、风电、水电、太阳能发电代替了火电，天然气挤掉了一部分原本由煤炭作为燃料的市场。随着可持续发展观深入人心，各耗能行业会逐步放弃煤炭而选择清洁能源，煤炭需求会进一步缩小。

3.2.3　新兴行业发展潜力大

1. 文化旅游业

突出发展文化旅游业，把山西文化旅游业做大做强是山西省委省政府对产业结构做出的战略性规划之一。山西省文化旅游资源禀赋居全国前列，不仅拥有全国最多的地上文物，还有令人叹为观止的古建筑群、各种物质及非物质文化遗产。闻名全国的乔家大院、佛教圣地五台山、古代艺术奇迹云冈石窟、寻根祭祖发源地大槐树等饱含文化底蕴的历史名胜都坐落在山西省境内。发展文化旅游业不仅可以扩大内需促进经济多元化，还可以提升山西形象、扩大影响力。

旅游业能耗低、产业关联度高，涉及餐饮、住宿、旅行社、商业、交通运输业、景区和娱乐等多个行业。发展旅游业对带动整个产业链的发展，提高经济生产总值，增加就业机会有重要意义。据测算，旅游收入每增加 1 元，第三产业产值相应增加 10.2 元之多，每增加 1 个直接就业人数，就可增加有关联的间接就业人数 5 个以上。山西省文化及相关产业增加值增速连续 5 年超过全省生产总值的增长，文化消费满意度超越京津全国排名第一，说明山西省发展文化旅游业的潜力巨大。

旅游与文化融合发展，提高了文化的凝聚力和旅游的吸引力。山西省文化旅游业的发展规模逐年扩大，主营业务收入逐年增长，从业人数不断增加，仅 2013 年，全省共实现旅游增加值 1174.3 亿元，占全省生产总值的 7.8%，占服务业增加值的 22.6%，为全省增加财政收入 194 亿元；因旅游业所带动的餐饮、住宿业消费总额为 655.2 亿元，带动社会消费品零售总额 324.9 亿元。相关研究表明，产业增加值占生产总值比重超过 5% 可作为支柱产业。因此山西省旅游业的发展优势很大，把加快发展旅游业作为扩大内需的重要着力点，实现旅游业向战略支柱产业转变，对经济发展方式转变和产业结构优化升级有重要推动作用。

2. 装备制造业

装备制造业是为国民经济和国防建设提供生产技术装备的制造业，

是国民经济发展特别是工业发展的基础。因此装备制造对于一个国家经济和军事安全必不可缺，具有不可估量的行业前景。山西省装备制造业历史悠久基础雄厚，已经在金属制品业、专业设备制造业，通用设备制造业、交通运输装备制造业、电器装备制造业、电子及通信装备制造业等门类形成较全的产业体系。但是由于长期以来省内经济重点都放在煤炭、焦炭、冶金及电力四大传统支柱产业上，对装备制造业的发展重视程度不够，导致装备制造业虽然规模大但是都处于产业链低端。

成立山西省转型综改试验区以后，在多元发展驱动下，加大了对装备制造业的投资，发展水平明显提高。2014年，山西规模以上装备制造企业实际销售收入1582亿元，已超过电力行业成为继煤炭、冶金之后的第三大支柱产业。《山西省装备制造业三年推进计划（2015—2017年）》中提到，2015—2017年，山西省将完成装备制造业投资2210亿元，实现年均增长10%的目标。装备制造业得到政策等发展动力的支持，将会不断壮大成为山西经济的新兴力量。

3. 金融业

晋商，曾经是山西最鲜明的符号。晋商独创并垄断了金融汇兑的票号，辉煌时期货通天下、汇通天下。然而由于种种原因，晋商逐渐走向没落，山西金融也失去了往日的辉煌。

2015年，山西省提出要在金融振兴、科技创新、发展民营经济三个方面实现突破，并分别召开推进大会对“三个突破”进行重点部署。金融振兴首次明确提上桌面，成为省内转型期的重点内容。

在山西，煤基型产业工业增加值占全省工业增加值80%以上，过度扩张局面的形成与金融的重点支持息息相关。化解当前省内经济困境，需要重新分配金融功能。金融自身的特殊性决定了不仅可以为经济发展输血，还可以造血。除了优化市场配置及对经济发展的支撑作用外，金融业本身就是一个极具潜力的优势产业。从当前山西省经济发展情况来看，金融业发展跟其他省尚有一定差距。但同时，短板产业也是潜力产业，自山西省委十届六中全会明确提出金融振兴以来，2015年上半年，全省存贷比提高4.6个百分点，实现各类融资2530亿元，同比增加390多亿元。另外，省内直接融资增速，社会融资结构都往好的方向发展，永东股份在深交所的正式上市，也打破了本省企业在资本市场上市的三年沉寂。2019年，晋商银行作为山西省首家上市银行，在中国香港成功上市。加大对金融产业扶持，可以有效激发各部门的金融创新积极性，为产业结构转型升级提供金融保障。

3.2.4 煤炭行业进入规模不经济阶段

由于长期以来形成的“一煤独大”格局，山西经济运行状况被煤炭行情捆绑在一起，山西省经济发展走势说到底就是煤炭行业的发展走向。根据行业生命周期理论，当行业生产力过剩，市场增长率严重下降时表明行业发展进入衰退期。扩大生产规模不但不能增加省内经济收入，还会加剧两大经济损失：一是产能过剩造成行业亏损；二是采煤造成巨大生态欠账需要偿还。

1. 行业亏损陷入恶化循环

连续亏损造成煤炭生产企业面临融资难和还贷难，导致生产企业资金链断裂。当煤炭市场不景气时，生产每吨煤都在亏损，煤炭企业为了维持运营只能继续亏损生产。最后陷入产能过剩加剧、行业持续亏损的死循环。

2. 修复成本高

山西省作为老牌煤炭基地，几十年的煤炭开采虽然为全国经济发展做出了贡献，却给自身带来了一系列负效应。省内多处矿井衰竭，采空区频现，可耕地面积和居住面积缩减，空气中可吸入颗粒物超标，已经开始影响居民生活。有关部门以 2002 年为基年进行测算，近年来每年山西省煤炭开采造成的资源浪费损失、环境污染损失、生态破坏损失及地表塌陷损失 300 余亿元。即每生产 1 吨煤需要付出 70 多元的隐性代价，其中：煤炭资源耗竭成本为 61.04 元、水资源损耗为 6.98 元、土地塌陷损耗为 3.80 元、煤矸石污染和占地损耗为 1.23 元。2015 年，山西省治理塌陷费用需要 90 亿元。由于技术原因，有些损失和消耗无法量化，因此这是一个保守估算。而随着煤炭继续开采，修复成本还会继续增加。

新兴行业与煤炭行业已出现两极分化态势，山西省有必要反思“多元发展”是不是一定要“以煤为基”。增加对煤炭行业投入是否能让山西经济得到更好的发展？如果继续新增产能，在有限的资源环境上，能否承受得住更多的破坏？这些都值得相关部门及学者进行深入思考。

3.3 本章小结

资源型地区的转型发展需要科学的政策、先进理念的支持，特别是在确定发展方向及产业政策制定上要解放思想、契合社会发展需求。山西的未来发展需要找寻新的替代产业，而从过度依赖到逐渐摆脱，需要科学的政策措施、合理的体制机制来保障，也需要各级政府的共同努力。

第4章　山西省替代产业的选择及演替模式研究

产业生命周期理论认为每个产业都会经历初创、成长、成熟和衰退四个阶段，先导产业处于初创期，主导产业处于成长期，支柱产业处于成熟期。在整个经济发展过程中，主导产业将发挥越来越大的作用，而支柱产业在经历成熟期后开始进入衰退期，也有的支柱产业开始孕育二次成长。一个区域要保持持续的经济增长要有强大的支柱产业群，受新技术、资源枯竭、社会需求等因素影响，旧有的支柱产业作用可能会逐渐弱化。发展经济学认为对于即将走上衰退之路的产业，尽管它仍然相当强大，但是继续通过各种方式维持其支柱产业地位的机会成本是极高的，不仅会阻碍新支柱产业的形成，还会影响整个地区的产业结构升级，此类问题在资源型区域经济中尤为突出，因此需要在主导产业群中选出替代产业进行重点培育。而替代产业需要从本地区具备产业实力、产业动力和产业潜力的备选产业中选择，以期能形成合理的产业结构，不断涌现出新的增长点，为经济可持续发展提供保障。

在研究资源型经济转型升级的文献中，类似替代产业的概念有接替产业，其中含有原支柱产业的产业链延伸的意义，但是近几年资源型经济的波动已经证明，要实现经济转型必须进行产业替代。在已有的资源型经济替代产业选取的文献中，以山西省为例，多直接将旅游业定位为山西煤炭产业的替代产业，并进行对比分析，本章将对替代产业选取的具体过程进行探索。产业演替模式的研究方面，已有的文献中，多研究国内外在区域资源枯竭的前提下替代产业的寻找，本章基于山西煤炭资源尚未完全枯竭、但急需新产业接替煤炭产业的支柱地位来拉动经济增长的现实，进行了替代产业上升为支柱产业的演化路径分析。

4.1 替代产业选择的必要性分析

先导产业、主导产业、支柱产业三者之间的区别如表 4.1 所示。主导产业是能够对较多的产业产生带动和推动作用的产业，不同的地区或同一个地区在不同的经济发展阶段的主导产业都是不一样的，随着产业发展所需的资源、体制、环境等因素的变化而演替，特定阶段的主导产业是在具体条件下选择的结果。一旦条件变化，原有的主导产业群会被新一代的主导产业所替代，例如，日本的主导产业经历了纺织工业→钢铁、机械、化学工业→汽车、家电工业→电子工业等高技术产业的产业替代过程。主导产业侧重对经济增长的带动性和扩散性，支柱产业侧重产值和利润水平，是国家和地方财政最重要的收入来源，支柱产业是在主导产业基础上发展起来的，而主导产业多是在先导产业基础上发展起来的。

表 4.1　先导产业、主导产业、支柱产业区别表

分类阶段	先导产业	主导产业	支柱产业
前期	有发展基础和国家的支持	在国民生产总值或国民收入中占有或者将来有可能占有较大比重的产业	在现实经济中占有较大份额、对生产总值的贡献率较高、投入产出比较好
后期	行业保持持续增长	对经济增长具有很强的带动性和扩散性	侧重产值和利润水平，是国家和地方财政最重要的收入来源

资料来源：根据《主导产业选择基准研究》一文中的概念整理。

主导产业经过一段时间的发展，不一定都会成为支柱产业，而支柱产业都是由主导产业发展而来，因此有必要从主导产业中选出可替代产业进行重点培育和扶持，使其发展成为支柱产业。本章的重点就是研究替代产业的选择基准和对替代产业的演替模式进行分析。

替代产业的选择，既要有坚实的产业发展基础，又要解决本地区产业结构的合理化和高级化问题，因此替代产业的选取基准是一个多重化目标。国际上主流的针对主导产业的选择基准，主要有包含高需求收入弹性和高生产率的筱原二基准，衡量产业关联度的赫希曼基准，衡量产业扩散效应的罗斯托基准。目前常用的选取标准均建立在整个国民经济基础上，均有各地区均质化的前提假设，因此分区域的替代产业选取标准不能单纯根据常用的选取指标来构建，需要重新考量。

山西省作为资源型省区市的典型代表，经历了煤炭产业的“黄金十年”，目前也触到了经济的最底端。2016 年 10 月底对外公布的前三季度生产总值数据的 28 个省区市中，只有山西省生产总值增速低于全国水平，2016 年，全年生产总值增速全国排名倒数第二，因此山西省急需在转型发展的瓶颈时期找到一个能够带动山西经济的新的经济增长点。2016 年，山西省党代会提出，要实施战略性新兴产业培育、能源产业创新、传统优势产业提质、现代服务业发展、特色现代农业增效、“双创”孵化新产业新业态“六大工程”，把改造提升传统动能与培育新动能结合起来。2015 年，山西省政府工作报告指出要大力培育发展文化旅游、装备制造、新材料、新能源、节能环保、食品医药、现代服务业七大产业，加快资源型经济转型步伐。

4.2 山西省替代产业的选取

4.2.1 替代产业的基本选择框架

在参考筱原二基准、赫希曼基准、罗斯托基准等主导产业选择基准的基础上，结合发展周期理论、发展经济学理论、资源诅咒理论、优势转换理论、产业衰亡不可逆转理论等相关理论来构建替代产业的选择指标框架。

替代产业的选择基准分为初选和终选两阶段，初选在考虑市场导向、可持续性和技术进步三个条件的基础上，借助迈克尔·波特的“钻石理论”作为基本选择框架，包括生产要素、需求条件、相关产业、战略结构四个主要因素，机会和政府两个辅助因素，通过这六方面的分析来定性选择最具有产业实力的备选替代产业。

终选分析框架主要坚持动态比较优势原则、关联度高原则、高就业吸纳率原则，以期在初选基础上选出更能带动山西经济发展的产业。结合筱原二基准、赫希曼基准、罗斯托基准等产业选择基准的具体指标，结合数据的可获得性和区域经济的具体情况，从比较优势、扩散效应、社会责任三个方面来构建终选分析框架。

4.2.2　山西省替代产业的初选

根据 4.2.1 节提出的替代产业选取框架，本节根据国家和地方两个重要因素及资源要素、需求条件、相关产业、战略结构四个辅助因素以及机会和政府从定性角度对山西省七个备选产业进行初选。

1. 国家层面

从国家层面来看，这七大产业均为国家战略性新兴产业，伴随着国家“十三五”规划、工业 4.0 中国制造等重大战略的提出，七大产业均有国家层面的发展机会。原文化部（现中华人民共和国文化和旅游部）“十三五”规划全文指出要推动文化产业成为国民经济支柱性产业。从省级层面来看，2017 年山西省政府工作报告中提出要加快发展现代服务业，特别提出要把文化旅游业加快培育成战略性支柱产业，加快发展装备制造业，加快向“山西智造”转变，积极发展新兴潜力产业。

2. 地方层面

波特认为政府能做的是提供发展所需要的资源，创造产业发展需要的环境。2013—2016 年年底，山西省共出台省政府文件 190 余份，涉及七大产业的有 30 份，其中文化旅游业 6 份、装备制造业 2 份、新材料产业 3 份、新能源产业 2 份、节能环保产业 3 份、食品医药产业 2 份、现代服务业 12 份，可以看出山西省政府频繁发布第三产业相关政策来扶持文化旅游业和现代服务业的发展。发展结果显示，2015 年，第三产业的生产总值占比已经超过第二产业，成为新的经济主力。

基于以上分析：文化旅游业、装备制造业和新材料产业有坚实的产业发展基础；从需求方面看，现代服务业、文化旅游业和新能源产业有更为广泛的市场需求；在相关产业方面，现代服务业、文化旅游业和装备制造业在本地区有更强的扩散效应和影响力；在战略结构方面，文化旅游业、现代服务业有更强的市场竞争力；从国家和省级政府层面的发展机会来看，七大产业作为新兴产业，均有发展机会；从政府支持方面看，现代服务业、文化旅游业、节能环保产业和新材料产业有更多的省级政府的政策性支持。

通过本节初选框架的分析，笔者选出文化旅游业、现代服务业和装备制造业进入替代产业的终选。

3. 资源要素

山西有丰富的文化资源：有三处世界文化遗产，六座国家级历史文化名城；国家级重点文物保护单位、古代壁画、古代彩塑数量均居全国第一，这些丰富的文化资源为山西省发展文化旅游业创造了条件。

山西省有丰富的矿产资源储备，原煤产量、发电量、粗钢产量均位居全国前列，为装备制造业发展打下了基础。山西省的不锈钢、金属镁及镁合金、钕铁硼永磁材料都在全国占有很重要的位置，有自身的资源优势、区位优势及技术、人才优势。同时丰富的矿产和煤焦化资源，为新材料产业的发展提供了资源基础。煤炭、电力能源供应可靠，焦炉煤气、煤层气充沛，为发展新材料产业提供了多元化能源保障。山西省有丰富的风电产业、丰富的太阳能资源、生物质能和煤层气资源，有新能源产业的发展基础。作为全国四大药材生产基地之一，有 1116 种中药材，种类占全国中药材的四分之一，蕴藏量高达 1.88 亿公斤，有黄芪、党参等 30 余种地道药材，是全国主产区；同时拥有汾酒、平遥牛肉等知名食品品牌，有发展食品医药业的产业基础。现代服务业涉及面广，随着社会的发展和文化旅游业等相关产业的发展，带动了传统服务业和现代服务业的快速发展。

4. 需求条件

波特理论认为，需求能够刺激和提高某一产业的竞争优势，而本区域的需求反应最为敏感。文化旅游业和现代服务业均属于第三产业，随着人民生活水平的提高，对高端服务业的需求越来越大。2015 年，山西省第三产业生产总值占比超出第二产业 12 个百分点，2016 年，扩大到将近 18 个百分点，在经济下行压力下，第三产业成为增长率最高的产业，其中文化旅游业以 20% 以上增长率快速发展。

装备制造业的发展得益于山西省发达的采矿业，在重型机械、轨道交通装备、煤机装备、新能源汽车、节能环保装备等行业中呈现较快发展势头。其中太钢铁路车轴产品、晋西车轴在国内城际地铁用车轴市场占有率都相当可观。

新能源、新材料和节能环保产业作为新兴产业，三者的发展是衡量一个国家、一个区域社会发展、科技进步的重要标志，虽然这三个新兴产业全国需求大，但是山西省的发展现状与发达省区市有很大差距。食品和医药产业是刚性需求，随着我国步入人口老龄化社会，对医疗服务和药品的需求会呈快速上升趋势，给食品医药业带来了巨大的市场。

5. 相关产业

文化旅游业、现代服务业是高度相关的两大产业，两者不仅在经济困难时期保持着高速增长，同时对山西的转型发展有巨大的推动作用。文化旅游业的发展能带动交通、餐饮、住宿、娱乐等相关行业发展，是吸引外来游客、扩展市场的必经之路。同时现代服务业的发展为文化旅游产业创造了好的发展环境。新材料、新能源、节能环保、装备制造业的发展很大程度上依托了山西省丰富的资源，新材料、新能源、节能环保产业的发展很大程度上依托山西省相关装备制造业的发展。

6. 战略结构

山西文化旅游业在旅游总收入和增长率方面均居全国前列，以国庆十一假期为例：2015 年，山西省旅游总收入 213.47 亿元，在超过 200 亿的 8 省市中排名第五；2016 年，旅游总收入 253.18 亿元，在超过 200 亿的 6 个省市中排名第四，增长率在全国均居前列。从全国各省市装备制造业综合竞争力排名来看，山西省并不占优势，江苏、山东、广东、北京等省市常年占据前几位，仅个别产品在全国市场占有较大份额，从经济效益、创新能力等方面看山西省都不具备绝对优势。山西省节能环保产业企业法人单位数和从业人员仅占到全国的 1%，发展规模是发达地区的 1 /10。总体来看，除文化旅游产业外，其他产业无论与全国平均水平还是和发达省市相比都有较大差距。

4.2.3 山西省替代产业的终选

本节根据替代产业的终选框架，结合数据的可获得性，从比较优势、扩散效应、社会就业等方面来选择山西省的替代产业。

1. 比较优势

2013 年、2014 年、2015 年、2016 年山西省生产总值增速分别为 8.9%、4.9%、3.1%、4.5%。如表 4.2 所示，文化旅游业全年旅游总收入增长率连年在 20% 以上，加上文化旅游业带动的餐饮、住宿、交通、购物等其他收入，文化旅游业为持续下行的山西经济注入一剂强心针。装备制造业依托山西省的原煤产量、发电量、粗钢产量，近几年一直保持高速增长，但伴随着经济下行和煤炭产业的供给侧改革，增长率下降很快。2015 年，包括装备制造业在内的冶金工业、电力工业、焦炭工业等行业规模以上工业增加值增速均为负值。由于缺少现代服务业的统计数据而其又与整体服务业很难剥离，本书借助服务业的数据来做分析，服务业的发展较为平稳，受经济下行的影响较小，一直保持着一定速度的增长。

在经济下行压力下，文化旅游业、现代服务业能够顶住压力保持持续增长，并且文化旅游业能连年保持 20% 以上的增长率，成为山西经济的“新引擎”。

表 4.2　三大产业分年份生产总值增长率对比表

单位：%

产业	2012 年		2013 年		2014 年		2015 年		2016 年	
	山西	全国	山西	全国	山西	全国	山西	全国	山西	全国
文化旅游业	35.0	15.2	27.2	14.0	23.4	15.4	21.1	11.0	23.2	14.0
装备制造业	33.3	12.5	20.3	11.03	13.6	10.5	–1.0	6.8	6.5	9.5
现代服务业	9.5	8.1	7.5	8.3	7.0	8.1	9.8	8.3	7.0	7.8

数据来源：根据全国、山西省统计年鉴，全国、山西省国民经济和社会发展统计公报整理。

2. 扩散效应

旅游业能够直接或者间接地带动交通、通讯、能源、商业、餐饮等多个部门的投入和产出。2015 年山西省实现旅游业增加值 1310.1 亿元，占全省生产总值的比重为 10.2%，占全省第三产业增加值的比重为 19.2%，因旅游业所带动的餐饮、住宿、社会消费品零售总额达到 1415.5 亿元。

装备制造业的上游主要依靠山西的原煤、粗钢等资源，产品主要集中于轨道交通装备、煤层气装备、煤机装备、煤化工装备、新能源汽车等，但受制于市场因素，近年来山西装备制造业的子行业中电子及专用设备产品产量增长较快，铁路、矿山等设备产量下降，企业盈利能力下降，装备制造业效益大幅下滑。而现代服务业几乎涉及生活的方方面面，它的产业关联度是三个备选产业中最高的。

3. 社会就业及环境保护

从社会就业方面来看，山西省文化旅游业直接从业人员 51.5 万人，间接从业人员 210.8 万人，占 2015 年山西省城乡就业人数 1872.76 万人的 14%，行业就业人数在 2011 年基础上增长约 58%。2010 年，装备制造业从业人员 31.2 万人，占全省从业人员（1685.9 万人）的 2%，且连年就业人数基本持平。按照 2014 年山西省统计年鉴数据中的全社会劳动力资源配置情况，现代服务业从业人员从 2011 年的 621.5 万人增加到 2015 年的 714.42 万人，仅次于农业中农林牧渔业的从业人员。

从环境保护角度来看，文化旅游业和现代服务业均属于第三产业，第三产业在环保型经济增长中有举足轻重的作用。同时发展文化旅游业能带动城市基础设施建设和城市绿化建设，改善了城市环境也提高了城市品位。相对于第二产业的装备制造业，第三产业在环境保护方面更有优势。

基于以上分析，本书认为，山西省的文化旅游业具备了作为第一替代产业的条件。文化旅游业的发展依托本地区独特的文化旅游资源，且具有可持续性。文化资源可以随着社会的发展不断地挖掘传承、不断与新元素融合，在不同的发展时期融合出新的经济增长点。面对严峻的经济形势，山西省的文化旅游业表现了强劲的经济带动能力和扩散能力，连年保持 20% 以上的增长。2015 年以来，山西经济遇到了前所未有的困境，转变发展思路、突破固有思维是山西转型发展的根本。目前山西省供给侧结构改革成效显现，2016 年前三季度，山西省煤炭和钢铁产量下降，在此基础上，全省地区生产总值增速比上半年加快 0.6 个百分点，比上年同期加快 1.2 个百分点，山西经济在文化产业方面表现出了强劲的发展潜力。

4.3　替代产业上升为支柱产业的演化路径分析

笔者认为，文化旅游业是山西省最具竞争实力的替代产业。而替代产业如何演化、成为新的支柱产业，就需要借鉴其他国家和地区产业演替的典型经验，再结合本地实际对替代产业的演替路径进行具体选择和分析。

4.3.1　替代产业演替模式总结

支柱产业的演替模式，目前研究成果的观点主要分两种：一种分为市场主导模式、政府主导模式、政府和市场共同主导模式及自由放任模式；另一种分为产业延伸模式、产业替代模式和多元复合模式。本节通过分析典型城市从低端产业向产业结构高级化发展的模式及经验，总结出三种演替模式，分别是：线性演替、以点带面和网状演替（见表 4.3）。

表 4.3　替代产业演替模式对比分析表

模式名称	主要特征	代表城市	典型经验
线性演替	传统产业基础上的升级，逐渐衍生出替代产业	鲁尔、新加坡	注重政府与市场的有效率的结合
以点带面	以发展前景良好的生产要素为突破，逐渐衍生、融合出替代产业群	硅谷、我国台湾地区	产业发展注重高端环节、目标集聚和顶层设计
网状演替	从传统产业的升级入手，逐渐植入新兴产业，通过转型升级、新旧产业融合实现产业替代	休斯敦、洛杉矶	延伸传统产业、植入并发展新兴产业

资料来源：根据《转型：国际创新型城市案例研究》书中案例整理。

1. 线性演替模式

线性演替以鲁尔、新加坡等城市和国家为代表。以鲁尔为例，作为典型的资源型城市，经历了“再工业化”、以传统工业为基础的“新兴工业化”和以地区优势产业为主导的“产业多样化”，实现了产业替代。新加坡实现了“劳动密集型产业—资本密集型产业—技术密集型产业—知识密集型产业”的演替。这类型的产业演替过程主要以政府主导并推动实施为主，通过建立专门的机构、增加财政支持等措施保证资源型地区的顺利转型。同时，随着产业演替的进行逐渐划清了政府和市场的界限，各司其职，实现了两者高效率的结合。总之，线性演替模式是在传统产业基础上的转型升级，通过“再工业化”、科技的应用和与其他产业的融合等方式衍生出替代传统产业的新的经济增长点，这类模式实现产业替代的关键在于尊重市场规律和政府的全方位支持。

2. 以点带面模式

以点带面的产业演替模式主要以发展前景好的生产要素为突破和切入，随着新技术等新要素的出现，以此为点逐渐衍生和融合出一批相关产业群。例如，硅谷和我国台湾地区以“科技”为切入点，衍生出了一大批技术密集型产业，起到了“以点带面”的效果。这类模式的主要特征是：产业起步立足高端且目标集聚，多从顶层设计入手，拥有完善的法律法规制度保障、以科研院校为依托的人才保障、以科技园区为载体的空间保障、全方位投资的资金保障及宽松的发展环境。

3. 网状演替模式

网状模式是最为常见的模式，从延伸传统产业入手，随着产业的升级融合新兴产业，最后发展成以第三产业为主的产业发展模式。以休斯敦和洛杉矶为例：洛杉矶以能源开采、机械设备等相关产业起步，逐渐成为国家制造中心，在科技革命的影响下，高科技制造产业及相关服务发展迅速，成为全球性的经济中心；休斯敦是典型的网状演替，发展伊始，休斯敦充分利用本地优越的资源和地理条件发展传统的石油产业，一定程度上促进了经济的发展，并不断向纵向延伸和横向扩展。根据市场需求休斯敦积极发展替代产业，"以点带面"发展高科技产业和服务业，使第三产业成为新的经济增长点。网状演替将线性模式和以点带面两种模式很好地融合在一起。

4.3.2　山西省替代产业演替路径初探

以山西省晋中市为例，晋中市作为山西省的地级市，利用其区位优势，围绕晋中民俗文化、大院文化和非物质文化遗产等，启动相关重点项目，文化产业生产总值占生产总值总量 6% 以上，在以重大项目驱动的产业演替模式上有许多宝贵经验。特别是其下辖的平遥县，如图 4.1 所示，2009 年，山西省首批文化产业重点项目的提出就直接推动了其文化产业的发展，第三产业产值在当年就超过了第二产业。

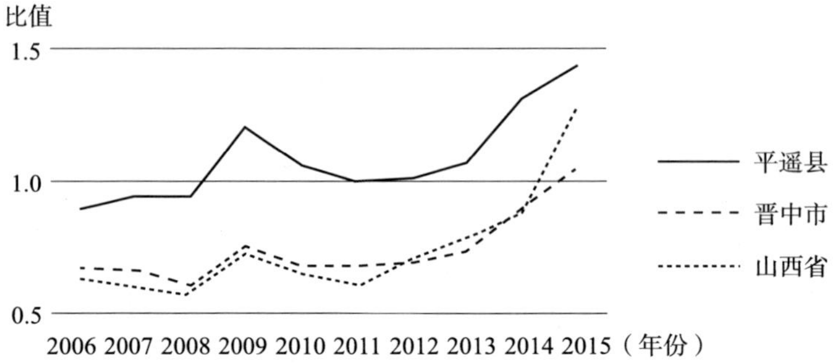

图 4.1　第三产业产值与第二产业产值的比值对比图

数据来源：根据山西省、晋中市、平遥县国民经济和社会发展统计公报整理。

文化旅游业中，重大项目的省、市、县三级政府的推动直接带动了平遥县文化旅游业的发展，由此带来的第三产业首次超过第二产业要比省市两级政府早 6 年。2013 年，《又见平遥》公演项目正式落地第一年就直接拉动了当地旅游业及相关产业的发展，2013 年，平遥县第三产业与第二产业之比值增幅较大。2017 年 10 月开幕的平遥国际电影展，作为新的文化旅游产业领域重点项目，5 天内进入电影展园区参观的人数就已达 12 万人次，为旅游淡季的平遥带来了新的收入增长机遇。

本书认为，文化旅游业作为山西省第一替代产业，可以采用“重大项目驱动的网状演替模式”进行产业演替。选择重大项目驱动的意义在于：重大项目驱动能打造文化精品，能规避大规模产业替代带来的风险，能起到以点带面的效果。

以文化旅游业为例，重大项目的推动将资金、人才、政策等有利资源聚集到一起，满足了打造文化精品的必要条件，同时文化消费受教育程度、经济条件等方面的影响，消费者会在不同层次的文化产品中进行选择并将其扩散，扩大了消费市场。在传统产业转型升级的同时，以重大项目为驱动起到了以点带面的效果，项目驱动带来新的经济增长点以弥补传统支柱产业在转型升级过程中带来的经济影响，经过一段时间市场的选择，新形成的优势产业会逐渐代替传统支柱产业，传统支柱产业会逐渐衰退或选择二次成长。

这种以重大项目驱动的网状演替模式能规避产业替代带来的经济风险和社会风险，同时能形成很好的产业辐射作用。重大项目的驱动带来的不仅仅是可预见性的经济收益，还有与之相匹配的城市基础设施建设和服务体系的提升，对在转型期的山西是一种可以实现高质量“几步并作一步”的举措，而现实已经证明近年来省市县三级政府实施的重大项目建设带来了可观的经济收益和社会效益。2016 年，山西省旅游工作会议召开，提出要做好非煤产业这篇大文章，把文化旅游产业列为山西七大非煤产业之首，同年国庆假期山西省实现旅游综合收入 253.18 亿元，同比增长 18.6%。文化旅游业已经成为山西省一个新的经济支柱。

4.4 本章小结

本章认为，随着经济社会的快速发展，一个地区要有适合的替代产业群，实现产业转型升级的顺利过渡以避免出现大的经济风险和经济波动。党的十九大报告提出要支持资源型地区经济转型发展，根据山西省的发展实际，要坚定不移地以文化旅游产业为第一替代产业培育发展。2017年，山西省旅游发展大会上提出了山西省要做好黄河、长城、太行三篇旅游大文章，山西文化旅游产业将会围绕三大重要板块开始新一轮的创新发展，新一批重大项目势必会逐步推出，采用重大项目驱动的网状演化模式将会助力文化旅游产业成为真正的战略性支柱产业。

山西是文化资源大省，以重大项目驱动就是要做文化精品，通过文化精品、文化大家吸引国内外游客，激活文化旅游市场、扩大影响力，继而逐渐完善文化旅游产业链，在发展经济的同时更好地挖掘文化资源、提升城市知名度。

第5章　山西省全域旅游的发展研究

山西省作为典型的资源型省区市，在以往发展中过度依赖煤炭资源来保证经济增长，导致煤炭产业比重过大、产业结构单一、经济波动显著，同时面临生态环境破坏和人员失业等多重压力，亟须发展替代产业实施产业转型。近年来，山西省在大力发展文化旅游产业的大环境下，结合本地区自然与人文旅游资源的优势，已经将文化旅游产业发展作为全省产业转型的重要路径。本章通过对比分析全域旅游发展的五种模式，并以山西省临汾市为例，结合当地实际，提出该地区可以构建由龙头景区带动型的全域旅游发展模式，并针对性提出相应的政策建议，以期能给山西省全域旅游的发展带来启示。

5.1 山西省临汾市文化旅游产业发展情况概述

5.1.1 山西省临汾市旅游产业发展基本情况

临汾市作为山西省资源型城市的典型代表，在以往的发展中主要以煤炭资源的开发及加工为主，煤炭相关产业占临汾市经济较大份额，城市经济发展对煤炭资源的路径依赖深、产业结构单一、经济波动显著且增长方式粗放，面临资源枯竭、生态环境破坏和人员失业等多重压力。在我国统筹推进“五位一体”总体布局、构建美丽新中国目标下，临汾市如何实现产业成功转型，做到“既要金山银山，又要绿水青山”是一个亟待解决的重大理论和现实问题。

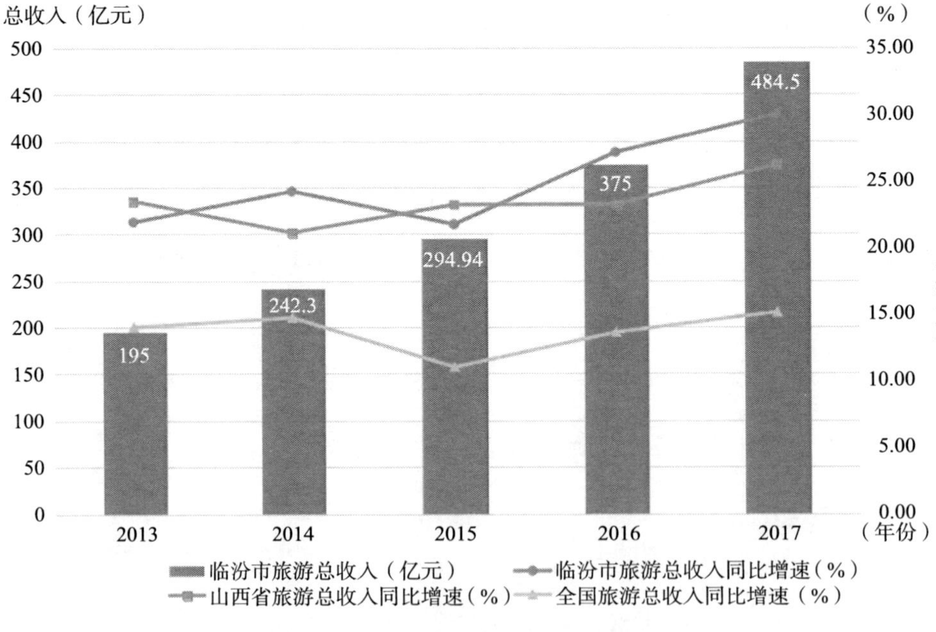

图 5.1 临汾市旅游产业相关数据图

近年来，山西省以打造文化旅游战略性支柱产业、建设富有特色和魅力的文化旅游强省、建设国家全域旅游示范区为总目标，全省着重发展文化旅游产业。据《山西省统计年鉴》数据统计可知，山西省 2015 年旅游综合收入为 3448 亿，2017 年已达到 5360 亿，2016 年、2017 年同比增长分别达到 23.2% 和 26.2%，增长速度势头稳定且远高于生产总值的增长速度。相较于全国旅游业发展增速，山西省已超过其一倍以上。2017 年，全省接待入境游客达 95.71 万人次，与上年同期相比增长 6.38%，累计接待国内游客共计 5.6 亿人次，同比增长 26.49%。由此可知，山西省文化旅游产业发展势头良好，相关数据均保持稳步增长。

目前，临汾市政府高度重视文化旅游产业的发展，着力将文化旅游产业打造为战略性支柱产业。从图 5.1 中临汾市旅游产业的相关数据可知，近 5 年来，临汾市的旅游总收入呈现稳步上升的趋势，且增长率均已超过 20%，远高于同期全国旅游总收入的增长率。与山西省数据相比，临汾市 2016 年与 2017 年旅游总收入增长率均已高于山西省总收入增长率，并拉开一定距离，可见临汾市近年来推出的文化旅游产业相关政策执行颇有成效。从国家文化旅游产业发展大环境及山西省大力发展文化旅游产业的大背景来看，作为根祖文化、黄河文化、尧文化等传统文化的基地，临汾市的文化旅游产业发展大有可为之处。但是临汾市文化旅游产业的发展仍存在一些问题：旅游景区以封闭式管理为主、大部分收入来源于景区门票，缺乏统一的管理与营销、旅游资源利用效率低下、低层次同质竞争严重等。这些问题亟待通过顶层政策设计进行统筹规划。

5.1.2 山西省临汾市的资源禀赋

要发展文化旅游业，需要一定的交通等基础设施作为保障。临汾市虽然是典型的资源型城市，但同时也拥有着得天独厚的文化资源。具体分析如下。

1. 交通资源

临汾市交通顺畅便捷，经多年的规划建设，已经初步形成集航空运输、高铁、普通铁路、高速公路、县乡公路于一体的立体式交通网络。

临汾高铁站的运营，极大地改善了全市交通体系，对临汾市城市功能完善、品位提升、合作交流等方面都具有重大意义。乔李机场通航，大大拓展了临汾市旅游产业辐射范围，标志着临汾市航空、铁路、公路立体交通网络构建成功。陆路交通发达便利，大运高速、大西高铁、108国道、209国道及沿黄旅游扶贫公路纵贯临汾市于南北，侯月铁路、侯西铁路、阳侯高速、临吉高速、309国道、326省道横穿临汾市于东西。目前长临高速建设已经全面完成，实现顺利通车，霍永高速已经初步竣工，西纵高速、张台铁路、中南铁路、沿黄旅游公路与太岳旅游公路等重点工程也在有序地推进。总之逐步趋于完备的交通路线格局为临汾地区旅游产业的发展奠定了良好的交通资源基础。

2. 文化旅游资源

临汾素有“华夏第一都”美称，亦是黄河文明的摇篮。临汾市自然景观丰富多彩，人文历史源远流长。区域内拥有较为完备的地貌种类的自然风光，五千年的人文历史孕育了尧文化、黄河文化、根祖文化、晋文化、红色文化等高品质的文化旅游资源。为将文化旅游产业打造为战略支柱产业，临汾市大力开发自然景观、深度挖掘历史文化底蕴，唱响了独具特色的“中华根·黄河魂”旅游主题。

临汾地区目前拥有大大小小的旅游景点（区）共计 57 处。其中新创国家 5A 级旅游景区 1 处，即洪洞大槐树旅游景区。国家 4A 级景区现有 11 处，分别为：临汾汾河公园、尧庙旅游区、壶口瀑布风景区、云丘山风景区、古县牡丹文化旅游区、彭真故居、东岳庙、人祖山风景区、隰县中国梨博园景区、晋国博物馆、隰县小西天。目前吉县壶口瀑布景区及乡宁云丘山景区也在积极创建国家 5A 级旅游景区。3A 级旅游景区 10 处，分别为：曲沃晋园、吉县克难坡、石桥堡、磨盘岭、诗经山水景区、朝阳沟、翼城古城、佛爷山、洪洞红军八路军纪念馆、广胜寺。2A 级旅游景区 4 处，分别为：临汾姑射山景区、洪洞明代监狱、曲沃县荷塘月色景区、霍州署衙门。并且现有国家级自然保护区 2 处、森林公园 1 处、地质公园 2 处、风景名胜区 1 处，国家级、省级生态农业旅游观光点共计 10 个，省级风景名胜区有 3 处。由于历史文化悠久，临汾市的历史文物储藏量也相当丰富，馆藏文物达四万六千余件（套）。其中重点文物保护单位全国级 43 处、省级 72 处。

临汾市旅游资源按资源本身的基本属性可划分为自然景观资源和人文景观资源。如表 5.1 所示。临汾市现共有旅行社约 60 家，其中国内社和入境社占主要部分，具有出境资质的旅行社目前还较少，仅有3家。全市目前旅游星级酒店共计约50家，其中二星级酒店16家，三星级酒店22家，四星级酒店6家。现持有资格证的导游有600余人，旅游直接从业人员达2万余人。

表5.1　临汾市旅游资源表

资源种类		景点名称
人文景观类	国家5A级旅游景区	洪洞大槐树旅游景区
	国家4A级旅游景区	尧庙华门旅游景区、隰县小西天景区、古县牡丹文化旅游区、晋国博物馆、彭真故居、东岳庙景区、隰县中国梨博园景区
	国家3A级旅游景区	吉县克难坡，石桥堡、磨盘岭、朝阳沟，翼城古城，洪洞红军八路军纪念馆、广胜寺
	国家2A级旅游景区	霍州署衙门、洪洞明代监狱
	其他景区	尧陵、尧都古镇、铁佛寺、师家沟古建筑群、丁村遗址、陶寺遗址、牛王庙戏台、柿子滩遗址、大悲院、洪洞玉皇庙、霍州窑址、老君洞、乡宁寿圣寺、汾城古建筑群、东羊后土庙、霍州观音庙、天马遗址、四圣宫、王曲东岳庙、普净寺、南撖东岳庙、乔泽庙戏台、娲皇庙、平阳鼓楼、挂甲山摩崖造像等
自然景观类	国家4A级旅游景区	临汾汾河公园、壶口瀑布风景区、云丘山风景区、人祖山风景区
	国家3A级旅游景区	曲沃晋园、诗经山水景区、佛爷山
	国家2A级旅游景区	临汾姑射山景区、曲沃县荷塘月色景区
	其他景区	霍州七里峪景区、永和乾坤湾、龙澍峪景区、陶唐峪景区、历山舜王坪、尧山森林公园、龙子祠、五鹿山等

5.1.3　临汾市旅游业发展存在的问题

1. 生态环境污染

临汾市文化旅游产业发展的制约因素，首先就是生态环境的污染。尽管有关部门已实施大量治理措施，但由于煤炭、钢铁、电力、化工等产业在临汾市的经济发展中依然发挥着重要的作用，再加之地理位置、地形、自然环境相对脆弱等客观因素，导致临汾市的生态环境问题依然不容乐观。

2. 缺乏沟通合作

目前临汾市景区的宣传推广仍主要以“单兵作战”为主，市域范围内缺乏整体性营销，缺乏统一管理规划协调。跨行政界限的政府与政府之间、政府与当地景区及企业之间、景区与企业之间、企业相互之间的沟通合作都较为匮乏，尤其是跨省域范围的沟通合作最为欠缺。旅游产业并非排他性产业，各景区都具备独有的特色来吸引游客，应该大力加强景区之间、政府之间的沟通协作，形成客源流通和资源共享，实现“1+1>2”的合作共赢局面。

3. 景区开发不科学

部分景区在开发过程中存在简单模仿、低劣伪造的现象，造成低层次同质恶性竞争。部分开发商急功近利、粗制滥造，忽略实际情况及资源承载力，盲目、过度、掠夺式开发的现象时有发生。旅游目的地与旅游景区之间分割严重，大搞景区内部建设与环境美化，却忽略景区周边外部环境，导致景区内外差别巨大，缺乏统一的建设标准。同时景区内外管理分割，景区内部多为“民团式”管理，较为混乱。

临汾市文化底蕴深厚，但对于深厚的文化内涵挖掘大多仅仅停留在科研层面。例如，对于陶寺遗址及丁村遗址的开发，目前尚未形成与其深厚底蕴相匹配的观赏条件。群众对于陶寺文化、丁村文化的了解相对匮乏，现有的游赏硬件条件无法满足游客深层次的精神需求，且未开发系列文创产品。在景区开发过程中，应该充分挖掘丁村文化、陶寺文化，不仅仅是进行古建筑的简单修复还原，更多的是需要将其文化底蕴融入景区建设、城市建设和居民生活当中，让居民和游客近距离充分接触和感受这些文化资源。景区运营过度倚重“门票”，跟风涨价情况时有发生，通过加收“小门票”等变相涨价的欺诈行为屡见不鲜。

4. 公共服务、基础设施不完善

临汾市市域范围广阔，众多景区分布较为分散，虽然交通网络等基础设施建设有了很大的进步，但配套的管理仍未完善，部分景区道路仍然存在与煤矿渣土车辆共用现象。旅游目的地基础配套设施建设不完善，设施落后，县一级的景区尤为严重。比如机场、火车站、高铁站、汽车站等游客集散中心缺少免费景区咨询点，缺少旅游标识系统，景区直通车系统还不够完善；旅游公交系统不完备，大部分景区距离城市中心较远，导致“黑车”运营情况恶劣，游客的生命及财产安全得不到保障，因此完备的旅游公共交通系统相当重要；景区旅游酒店及饭店脏乱差现象也时有发生，周边酒店服务质量参差不齐，饭店价格虚高，缺乏统一的定价和服务标准。

目前智能手机的用户群已经相当庞大，智能化旅游已成为旅游行业的大趋势，但目前临汾市大部分景区的智能化建设仍较为滞后。景区内部免费 Wi-Fi 仍未做到区域全覆盖，电子售票验票系统、电子导游系统等智能化系统建设仍需加大力度。景点标识、景观介绍仍然为传统的文字版面。景区智能推广欠缺，自媒体公众号建设仍需加强，旅游 App 的合作推广也有待增强。

景区内部设计不合理，存在旅游基础设施、安全保障措施、公共服务设施不到位的问题。多数景区存在以下现象：旅游停车场车位不足甚至停车乱收费、景区内公厕数量不足、垃圾桶位置不合理、休息椅数量不足等，这些情况都严重影响游客的旅游舒适度。

通过对临汾市文化旅游产业发展基本情况的整理分析，证明临汾地区具有一定的区位优势，客源市场比较广阔，并且历史悠久、文化底蕴深厚、自然人文景观资源也十分丰富，立体交通体系已初具规模，因此临汾市目前已经具备发展全域旅游的一定基础。但是临汾市旅游产业发展仍然存在许多问题，与旅游发达城市相比还有相当大的差距。以下小节将通过探讨临汾市全域旅游模式的构建，为山西省文化旅游产业发展提供可探索路径。

5.2　山西省临汾市全域旅游发展模式选择与构建

5.2.1　全域旅游相关理论

1. 核心—边缘理论

核心—边缘理论最早是由弗里德曼（Friedmann，1966）提出的，他通过对委内瑞拉区域发展演变特征的研究，在总结缪尔达尔和赫希曼（Myrdal & Hirschman）等人有关区域间经济增长和传递的理论的基础上，对核心－边缘的理论的模式进行了系统的解释说明。弗里德曼所提出的核心－边缘理论可总结为：无论是大到一个国家，还是小到一个地区，都是由核心区和边缘区共同构成的。核心区通常是指现代化建设、城市化程度、经济增长速度、科技产业技术、资本和人口密集度等水平较高的区域，而边缘区域则是城市整体发展水平较低，经济相对落后的区域。并且弗里德曼认为核心区域与边缘区域的界限并不是固定不变的。

包卿等人（2005）将核心－边缘理论归纳总结为四个层面：第一，发展关系层面。区域整体经济发展的大环境下，核心区域与边缘区域的发展关系极不平等，核心区域在人力、资源、政策等方面都占有统治地位，因此边缘区域的发展一般都依托于核心区域。第二，区域扩散层面。核心区依靠其统治地位，会逐渐向边缘区扩散，并且在扩散的过程中，会逐步巩固自己的核心地位。第三，空间结构层面。核心区与边缘区的空间结构处于动态变化的状态，边缘区通过潜在资源的开发，刺激区域经济发展，可以逐渐从边缘区进阶成为次级核心区域。第四，共同发展层面。由于核心区域与边缘区域处于动态变化的状态，其空间结构也会随之而变化，随着核心区域的扩散及边缘区域的进阶，核心区域与边缘区域将会出现共同发展的一体化局面。从这个层面的理解可以发现，核心－边缘理论对于景区品质各异的区域一体化发展具有一定的指导意义。

随着核心－边缘理论学术范围应用的愈加广泛，学者们对其理论的运用变得更加灵活，其用法不再局限于空间结构层面。例如，在作为旅游规划的理论支撑时，核心区域不再单指实际空间位置的中心，更多的是指具有高品质特殊资源的区域，或者区位优势明显的区域；而边缘区域主要是指特色旅游资源匮乏，或者特色旅游资源开发难度高，无明显区位优势的区域。

对于核心－边缘理论在旅游区域的划分方面的应用，并不是简单地划分为核心区和中层区。国外学者冈恩对旅游地的核心区域与边缘区采用了“三段概念”的划分思想，他将景区及景区周边划分为核心圈层、中间带和外围地带三个部分。后续有众多学者都效仿冈恩的“三分法”的思想对研究对象进行了类似的划分。该划分方法也得到了实际运用，如美国国家公园就是利用该方法将园区依次划分为核心区、缓冲区和边缘区。

综上所述，核心－边缘理论在区域内旅游资源的整合、区域旅游的联动发展、都市旅游圈层构造、景区规划等方面都具有较高的价值。

2. 全域旅游概念

国内有关全域旅游的研究时间较为短暂，但研究成果比较丰富。全域旅游这一概念的提出最早可以追溯到2009年，时任四川省巴中旅游局局长的王政提出“树立全域旅游理念、做强巴中旅游产业”。胡晓存（2012）通过对大连市全域旅游建设的实证分析，对全域旅游的内涵进行了应用研究，为大连市的全域旅游规划发展提出具体思路和相关建议。她提出要对大连市旅游资源、文化特色、交通资源、市场区位等资源进行合理整合，打造都市、乡村、观光带多格局，使旅游产品及业态呈现多元化、广域化，进而提升大连市旅游产业整体竞争力的建议。厉新建（2013）以北京市为例，首次对全域旅游的相关概念内涵进行了界定，他提出“四新”即全新的资源观、市场观、产业观、产品观作为全域旅游理念的核心，多行业、多部门、多主体广泛积极参与，着手从“八全”即全时空、全方位、全要素、全过程、全社会、全行业、全部门、全游客这些层面进行落实，从而推进旅游目的地全域旅游发展，提升游客满意度，也让当地居民切实体会到全域旅游发展带来的好处。吕俊芳（2014）则认为，发展全域旅游，应当以行政区域为基础，对区域范围内的旅游资源进行整合，并创新旅游产品，完成空间范围的全景化、相关产业一体化，使行政区域范围内的旅游服务水平得到整体提升。汤少忠（2014）对于全域旅游内涵的理解在于忽略行政区域的界限和突破旅游季节性特点。对景区进行全地域空间和全天候景观化打造；强调在产业发展方面，旅游业同相关产业实现产业共融、协同发展，发展成果全社会共享。并将全域旅游总结为四全即“总全景、全时、全民、全业”，统筹旅游产业和相关产业的协调发展。魏小安（2015）认为全消费是全域旅游的基础，通过对全域旅游的特点进行解析，他认为全域旅游发展应当从发展、时间、空间、社会、行业、消费这六个方面进行把握。并提出全域旅游的发展就是以工业化为视角，对前工业化的相关资源进行充分深挖，合理利用工业化的成果，创造出超工业化产品。厉新建（2016）认为，全域旅游可以实现对不同特色旅游资源的有效整合、旅游管理体制机制的改革创新及不同主体的利益再均衡，使不同水平层次的旅游服务得到优化，构建统一的营销推广平台。石培华（2016）从技术视角对全域旅游的理论研究和贯彻实践做出了详细分析，并用“五新”“五全”“五不”对全域旅游建设提出了深刻见解。王国华（2017）则提出全域旅游需要从规划、文化、管理制度、人才培养、营销等方面着手。

由于“全域旅游”一词是由中国自主提出，因此国外有关全域旅游的概念及内涵理论研究较少，类似运用全域旅游理念进行城市或景区规划建设案例也不多，这里就不再赘述。

目前全域旅游的官方概念是时任国家旅游局局长的李金早在 2016 年全国旅游工作会议中提出的。即在一定范围内，将旅游产业作为优势领导产业，对区域内的经济社会资源，特别是旅游资源、生态环境、体制机制、相关产业、公共服务、文明素质、政策法规等进行全方位、系统化的优化提升，进而使区域相关产业融合发展、资源实现有机整合、社会共享共建、以旅游产业推动区域经济社会和谐发展的一种全新协调发展路径和理念。

3. 旅游线路设计理念

旅游线路，作为将政府、旅游业经营者、游客、旅游景点相串联的媒介，在旅游产业发展中发挥着相当重要的作用。旅游路线是面向游客促销的主要产品，其概念是指在一定的区域内，以游客可以在最短时间内获得最大游赏效果为目标，将旅游景区或旅游目的地用旅游线路合理地穿插起来，形成一定特色的路线。对于游客来说，旅游线路设计和选择是一种决策行为，对于旅行社或旅游规划、组织、产品设计者，旅游线路设计是开发旅游产品的重要环节。尽可能地规划设计出多种类、多样化的旅游线路以满足更多游客的需求是当前旅游产业的发展趋向。旅游线路设计的科学与否直接影响着游客的旅游效果，因此，对于旅游城市或旅游企业来说，合理规划旅游线路至关重要。

国外旅游线路相关研究主要涉及两个方面，一方面主要基于空间模型构建层面，另一方面主要从经济价值视角出发进行研究。科姆贝尔（Compbell，1967）针对游客多目的地游玩的情况提出游览线路多为闭合环路，并依据旅游目的地的不同类型，将旅游线路划分为三个种类：游憩线路、度假线路、游憩度假混合型线路。马里奥特（Mariot，1976）针对旅游中心与永久居住地之间线路连接方式的不同类型，提出了三种路径：滩入路径、休闲路径和返回路径。乔·凯克夫勒（Joe Kekvrllet，1999）从经济学角度针对旅游线路设计过程中存在的空间约束问题构建了旅游地成本模型。有关旅游线路类型的研究，卢、克朗普顿和费森梅尔（Lue，Grompton，& Fesenmaier，et al.，1993）首次系统性地总结了五种旅游线路的空间模式（简称 LCF 模型），分别是往返模式、营区基地模式、单目的地模式、区域环游模式和旅行链模式。本章节所涉及的对接条件下的线路设计属于旅行链模式，非对接条件下的线路设计属于区域环游模式。

国内对于旅游线路设计的相关研究大概可以分为两个时间段。20 世纪 90 年代，学者们对旅游线路设计的研究主要基于本学科领域，具有一定局限性。步入 21 世纪后，旅游线路设计的研究呈现学科多元化，相关研究呈现多视角趋势，研究成果愈加丰富。

线路设计原则方面，楚艺芳（1992）提出将旅游吸引物、专属旅游设施、与目的地空间可达性相关的基础设施、旅游成本作为旅游线路设计过程中所必须考虑的基本因子。并通过操作曲线图阐释了线路设计必须与游客的意愿和行为契合这一设计原则。杨晓国（1996）提出设计优质线路的五个重要基本原则：线路始发地需为主要客源聚集地；线路设计需具备多种类型经营周期规范，线路附着区内景点尽可能纳入统一运行规范，线路交通设施按“四近”要求设计，将返程合理性地加入线路。阎友兵（1996）通过总结归纳得出空间安排合理、时间安排合理、特色突出、等价等原则作为线路设计者在规划旅游线路设计时所遵循的原则。杜江（2001）认为点间距离适中、尽量避免重复经过同一旅游点、顺序科学、择点适量、特色各异这几方面在线路规划设计的过程中应该着重注意。

对于线路设计方法的选择。栗雪娟等人（2006）主要基于 Hopfield

神经网络算法和优化模型对西安市景点布局图进行研究，完成了对西安市最佳旅游线路的优化设计。方冬云（2009）在设计莆田市线路时，采用“最邻近插入法”和“分支定界法”，构建了求解旅游线路最短路径的图论模型。梁勤欧等人（2011）对浙江省20个旅游景点求解最优旅游路径时，主要基于遗传算法，采用仿真实验求得线路最优解，并绘制了最优旅游路线图。杨艳梅（2013）等人规划设计邯郸魏县旅游景点线路时，通过构建图论模型，采用运筹学中的动态规划算法，针对最短路径问题分别以历史文化、景色环境、交通状况、游客流量等方面作为依据完成旅游景点的规划设计，实现最佳旅游线路优化。

对于临汾市旅游线路相关研究，张敏等人（2015）提出以寻根祭祖及浏览观光为目的，建立两条相应的旅游线路。鲍梅则等人（2016）提出通过整合县域之间的不同文化，包括黄河文化、根祖文化、红色文化、民俗古建等，实现区域联合发展，构建区域旅游产业、旅游产品、旅游政策、旅游市场的一体化发展格局。李洋（2015）提出沿黄区域只有通过资源整合开发，才能提高区域内旅游的整体竞争力，实现跨区域统筹发展，促进区域经济的健康与可持续发展。

5.2.2　全域旅游模式概述

目前中国全域旅游的发展模式仍处在探索阶段，无论理论方面还是实践方面都有待进一步拓展。在第二届全国全域旅游推进会中，全国多地旅游城市代表提出将全面贯彻落实全域旅游这一发展理念，为推进当地文化旅游产业的新一轮发展献计献策，积极寻求全域旅游发展的新思路新举措。笔者总结全域旅游的发展模式，主要为以下五种。

1. 龙头景区带动型

龙头景区带动型模式的旅游城市，其全域旅游的发展主要依托本地域范围内的龙头景区。该模式下的全域旅游建设首要任务是将龙头景区作为吸引核和动力源打造，切实发挥其在城市形象塑造、空间结构优化、游客集散中心等领域的引导作用。再以全域旅游发展的基本要求为指导，围绕龙头景区配置旅游产品、规划景点布局，部署旅游基础设施的建设及完善公共服务体系，协调各相关部门服务于全域旅游，形成“综合产业综合抓”的工作机制，推进“景城一体化发展”。依托龙头景区的辐射带动作用，推动区域旅游产业一体化协同发展，促进旅游产业与关联产业融合发展，实现区域社会与经济的发展。典型的代表地区有：四川都江堰、湖南张家界等。

2. 城市全域辐射型

城市全域辐射型模式主要以城市旅游目的地为主体，发挥都市旅游辐射带动作用，逐步推进区域整体的全域旅游发展。以知名旅游城市品牌效应为基础，依托高质量的旅游产品、完备的配套服务、发达的旅游交通系统，促进城乡旅游产业相关联结，实现互联互通、一体化发展，形成城市乡村优势互补、相辅相成的旅游大市场。按照“旅游引领、提升价值、共建共享、融合发展”的理念，推动城乡规划、旅游规划、土地利用规划、环保规划等“多规合一”，发挥旅游产业引领作用，推进新型城镇化建设。典型的代表地区有：福建厦门、辽宁大连等地。

3. 全域景区发展型

全域景区发展型是将区域整体视为一个大景区，以全域一体的形象进行规划、建设、管理和营销。大景区的全域旅游建设以全地域覆盖、全领域互动、全资源整合、全社会参与为原则，逐步推进风景园区、旅游城镇、风景庭院、旅游村落、风景观光道、风景厂矿等建设，实现“处处是景、时时见景”的城乡旅游风貌。典型的代表地区有：河南栾川、浙江桐庐、宁夏中卫等地。

4. 特色资源驱动型

特色资源驱动型模式发展全域旅游的城市，区域内通常遍及优质的自然和人文旅游资源，并蕴含特色鲜明的民族、民俗文化。特色资源驱动型模式多以此为基础，开展综合性的旅游开发，加强自然资源与民族文化资源融合，增强大众健康、文化、科技、体育等产业关联度，创新发展一批疗养度假、健康养生、休闲避暑、汽车露营、山地体育等“旅游+”产业，引领区域旅游产业发展，建设特色旅游目的地。典型的代表地区有：云南抚仙湖、重庆武隆、贵州花溪等。

5. 产业深度融合型

产业深度融合型通常以推进旅游产业与第一、第二、第三产业的深度融合为目的，借助“旅游 +”和“+ 旅游”发展路径，加强旅游产业和科研、宗教、教育、商贸、养生、体育、文化等行业的深度融合，开创出一系列文化休闲、商务会展、生态观光、乡村旅游、休闲度假等跨界产品。促进全域旅游相关产业要素的规划整合，使区域旅游产业的整体竞争力进一步增强。典型的代表地区有：北京昌平区、山西杏花村镇、南京江宁区等。

5.2.3　典型代表城市（地区）的全域旅游发展研究

本节分别以湖南张家界、辽宁大连、浙江桐庐、重庆武隆、山西杏花村五种模式的典型代表城市（地区）作为研究对象，通过对代表城市旅游产业发展方式与概况进行定性研究，结合各模式相关概念，归纳总结不同模式全域旅游发展的要求及特点。

1. 湖南张家界

湖南张家界拥有世界首批地质公园、中国首批世界自然遗产、世界“张家界地貌”命名地、我国首批 5A 景区、第一个国家森林公园、全国文明风景旅游区等金字招牌，其全域旅游的发展是典型的龙头景区带动型模式。湖南省提出以“点线面”逐步立体推进全域旅游发展理念，张家界市委市政府在此政策背景下提出“提质张家界、打造升级版”战略，以武陵源景区中心作为全域旅游发展核心，构建“东线、西线、南线”三线发展的全域旅游新格局，以武陵源景区核心为抓手，重点抓提质升级，加快推进生态停车场、游客服务中心、景区基础设施等建设。同时，按照建设武陵山片区游客集散中心城市、国际旅游服务型城市、区域性旅游交通枢纽城市、国际休闲度假城市“四个城市”目标，推进园区、景区、城区共同发展。政府管理机制层面，以公安、检察、巡回法庭基础、工商为基础，构建市级、区县级、乡镇级三级联动的产业管理体系，形成全行业监管机制，促进全域旅游综合管理体制改革创新。

2. 辽宁大连

作为中国首批“优秀旅游城市”，大连市的旅游产业发展十分迅速，其全域旅游的发展模式为城市全域辐射型。大连市拥有得天独厚的海滨旅游资源，近代人文历史旅游资源更是丰富，众多优质的旅游资源为大连市的全域旅游发展奠定了基础，高效便捷的海陆空立体交通网络为游人提供了优质的交通服务。区域旅游规划方面大连市将整个市域范围作为整体，打破行政分割，发挥旅游业融合力、辐射力强的产业特性，通过“促城、造镇、兴村”形成由 1 个旅游度假群岛、十大旅游经济区、28 个旅游镇、120 个旅游村组成的旅游空间结构体系，增强城乡沟通，形成旅游产业发展的全域覆盖，逐步推进大连市城乡一体化、新城镇化发展进程。

3. 浙江桐庐

桐庐县全域旅游发展是“全域景区发展型”的典型代表。桐庐县依靠其独特的资源禀赋、历史人文积淀，将整个县域11个乡镇、183个行政村作为一个大景区来规划，每个镇村按景点要求建设，形成“县城—中心镇—特色镇—中心村—特色村”空间结构。整个大景区立足全域，从全地域覆盖、全产业融合、全景化打造、全方位保障、全社会参与五方面进行构建，依托美丽乡村精品村和风情小镇建设，打造产业风情带、诗画山水带、古风民俗带、生态养生带、运动休闲带5条风情带。结合整乡整镇美丽乡村建设，风情村镇与富春山水巧妙结合，田园风光与历史人文底蕴融合穿插，打造处处有风景、时时见风景的县域大景区。

4. 重庆武隆

重庆武隆同时享有国家5A级景区、国家级旅游度假区、世界自然遗产三大美称。作为中国著名的旅游目的地，武隆全域旅游的发展模式为特色资源驱动型，依托“一心一带四区一网”的空间布局，使武隆区成为一个整体。其自然资源得天独厚，拥有独特罕见的喀斯特地貌，被誉为“世界喀斯特自然博物馆”。武隆虽以汉族为主，但区域内混居着苗族、仡佬族、土家族等12个少数民族，各民族间通婚自由、相互交融，形成绚丽多彩的民俗文化。武隆区推出“印象武隆”“仙女恋歌”等文旅实景演艺项目，以农业生产和旅游扶贫示范村为载体，大力发展乡村旅游。构建夜宴仙女山，建设以仙女天街为首的多条特色购物街，文化、农业、商贸等多种产业在旅游业引领下相互关联促进实现融合发展，逐渐形成由特色资源驱动的旅游 + 产业发展格局。

5. 杏花村镇

杏花村镇拥有“国家特色景观旅游名镇”“全国最大的清香型白酒生产基地”两大品牌，其旅游产业、文化产业、工业、农业等产业的发展均满足产业深度融合模式的发展要求。山西杏花村汾酒集团公司、杏花村汾酒作坊可以作为特色小镇的有机载体，将特有的诗酒文化与之融会贯通，开发汾酒生产线的工业旅游项目。再配合集采摘、休闲、游玩于一体的观光农业，在延伸、重组产业链过程中，将旅游产业与第一、二、三产业深度融合。切实发挥了旅游产业辐射带动能力，提升了各产业综合竞争力，将杏花村镇打造成为产业深度融合发展的特色旅游小镇。

5.2.4　全域旅游发展模式的对比及选择

通过对五种全域旅游发展模式概念及代表城市特点的总结分析，以全域旅游发展要求为依据，结合临汾市资源禀赋、当前发展所面临的困境，采用对比分析方法，对比选择适宜临汾市全域旅游发展的模式，可得表5.2。

从表中可知，临汾市作为煤炭资源型城市，并非传统旅游大市，城市品牌效用与大连、厦门等旅游发达城市相比还很弱。旅游产品质量参差不齐，目前仅洪洞大槐树一家国家 5A 级旅游区，整体质量有待提高，配套设施、基础建设仍需完善，因此不适于采用对城市功能性及综合发展水平要求相对较高的城市全域辐射型模式。

临汾市虽然旅游资源丰富，但多数为人文景观资源，人文景观资源存在很大的相似性。自然景观虽有黄河壶口瀑布、云丘山等地，但不具备普遍存在的高品质特色旅游资源。市域范围内无特色鲜明的民族风情，虽具有一定独特的民俗文化，但该文化不足以作为驱动因素引领旅游产业发展，因此也不适用特色资源驱动型模式。

表 5.2　全域旅游发展模式对比分析表

发展类型	特点要求	临汾市实际状况	是否适用
城市全域辐射型	知名旅游品牌、优质的旅游产品、完善的配套服务、发达的旅游交通系统	品牌仍需打造 基础设施不完善	否
特色资源驱动型	普遍存在的优质自然、人文资源 特色鲜明的民族、民俗文化	人文自然资源不够独特 缺乏鲜明民族民俗文化	否
产业深度融合型	“旅游 +”“+ 旅游” 发展产业深度融合	产业结构单一 产业融合滞后	否
全域景区发展型	全域整体视为一个大景区 规划、建设、管理多规合一 多为县级城市	市域范围广阔 辖区县、镇数量庞大	否
龙头景区带动型	以龙头景区为核心，围绕龙头景区部署旅游基础设施和公共服务体系	洪洞大槐树、壶口瀑布为人文、自然景观核心	是

由于临汾市以往传统的发展方式主要依托煤炭资源，导致“一煤独大”，产业结构单一薄弱，没有将煤炭产业与农业、服务业很好地融合发展，因此也不具备产业深度融合型的发展要求。

临汾市辖区范围内共计 17 个县市区，乡镇多达 150 以上，数量较多，如果将整个市域范围作为整体大景区来规划、建设、管理相对较为复杂，难免力不从心、手足无措。并且从全域景区发展型的典型代表城市可以发现，该模式下的全域旅游多适用于县级城市旅游业的规划发展，因此临汾市并不适用于全域景区发展型。

通过龙头景区带动型概念可知，该发展模式硬件条件要求相对较少，需要有核心景区作为动力源以吸引游客。临汾市目前拥有以根祖文化为主题的国家 5A 级旅游景区——洪洞大槐树，以黄河之魂为主题的国家 4A 级旅游景区、世界最大的黄色瀑布——壶口瀑布。这两个景区是临汾地区知名度、美誉度相对较高的景点，因此可分别作为临汾市全域旅游发展中人文景观和自然景观的驱动核心，再围绕这两大核心进行基础设施建设和产业发展配套建设。综上所述，龙头景区带动型发展模式可适用于临汾市全域旅游的发展。

5.2.5 模型的构建及理论应用

临汾市全域旅游模式的构建实际属于区域旅游规划的一种理性决策行为，主要涉及解决旅游产业的空间结构和布局问题。对于这个问题，学者们始终保持着较高的关注度，并提出一系列解决办法。在众多旅游规划的理论方法中，核心—边缘理论由于具有对旅游布局与空间结构变化的解释价值，并且可构建区域旅游空间结构系统的认知模型，因而备受旅游规划学者们青睐。

由于临汾市各县域旅游产业发展水平迥异，如果简单划分为核心、边缘两个层次会缺乏科学性，本书将借鉴冈恩（Gunn）的“三分法”思想，将临汾市旅游区域划分为核心区、中层区和边缘区三个部分。

核心—边缘理论在旅游资源的整合、区域旅游的联动发展、都市旅游圈层构造、景区规划等方面具有理论指导作用，在此将以该理论作为基础来完成临汾市龙头景区带动型全域旅游发展模型的构建。

旅游资源区域整合是龙头景区带动型模式构建的基础性工程也是首要工作。以核心—边缘理论作为资源的整合认知理论基础，通过辨识临汾市文化旅游资源存在的客观差异性，以具有特色优质旅游资源、发展成熟度高的景区作为核心，形成区域旅游资源发展的主力军。对于旅游经济发展相对落后、交通结点不聚集、品牌形象不立体，虽具有一定的文化旅游资源，但目前尚未充分开发或者开发困难、旅游业发展不具备优势、相对冷清的旅游区依程度划分为边缘区。

本章节主要以国家旅游局发布的旅游景区质量等级作为依据，对临汾市境内的文化旅游资源进行整合分类为核心区、中层区和边缘区。分别以国家 5A 级景区洪洞大槐树旅游区及国家 4A 级景区壶口瀑布旅游区作为临汾市全域旅游发展的核心区，同时该设定可以更加契合“中华根·黄河魂”这一旅游品牌。以其余 4A 级文化旅游景区作为中层区，包括尧庙旅游区、晋国博物馆、云丘山风景区、彭真故居、古县牡丹文化旅游区、东岳庙、隰县小西天、隰县中国梨博园景区、临汾汾河公园、人祖山风景区。最后以 3A 级及以下的旅游景区作为边缘区，包括吉县克难坡、石桥堡、磨盘岭、朝阳沟、翼城古城、临汾姑射山景区、霍州署衙门、洪洞红军八路军纪念馆、广胜寺、洪洞明代监狱曲沃晋园、佛爷山、诗经山水景区、曲沃县荷塘月色景区等。

由于核心区、中层区、边缘区之间需要旅游线路作为链接媒介，才能以核心区带动中层区，进而带动边缘区的发展，带动区域整体旅游文化产业经济发展，真正发挥龙头景区带动型模式的效用，因此需要对临汾市旅游线路进行设计。初步拟定以对接条件线路串联核心区与中层区，以非对接条件线路串联核心区、中层区和边缘区。如图 5.2 所示，即为临汾市旅游资源整合图。

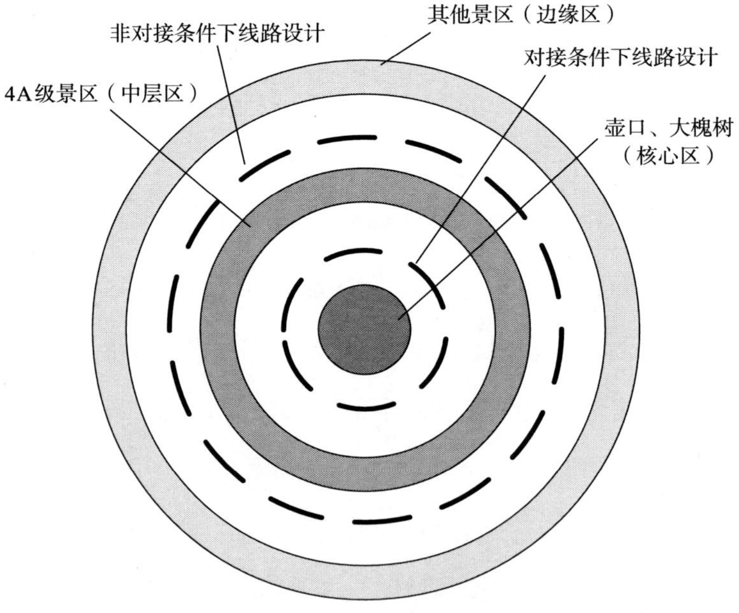

图 5.2　临汾市旅游资源整合图

5.2.6　龙头景区带动型的全域旅游模式构建

以《国家全域旅游示范区创建工作导则》及《国家全域旅游示范区认定标准（征求意见稿）》作为临汾市龙头景区带动型模式指导规范，构建龙头景区带动型模式。整个模型包括三大部分，分别为景区骨架系统、软硬件支撑系统及线路链接系统。其中景区骨架系统为旅游资源整合分类结果，即核心区、中层区和边缘区。软硬件支撑系统分别包括全域软件系统和全域硬件系统两个子系统，全域硬件系统包含全域基础服务设施和全域信息共享平台；全域软件系统包括全域综合管理体系和全域服务标准体系。线路链接系统主要由对接条件下线路设计和非对接条件下线路设计构成，运行机理如图 5.3 所示。

结合当前中国旅游业发展宏观背景以及临汾市经济发展现状，当前文化旅游产业的发展对于临汾市产业转型是一个很好的选择。因此在临汾市政府主导与旅游市场需求的合力推动作用下，临汾市应全力发展文化旅游产业，使之成为战略性支柱产业。而全域旅游是新时代下对传统旅游产业发展思维方式的创新、突破和升华，也是文化旅游产业一种有效的新发展模式，因此临汾市文化旅游产业的发展应以全域旅游为路径。

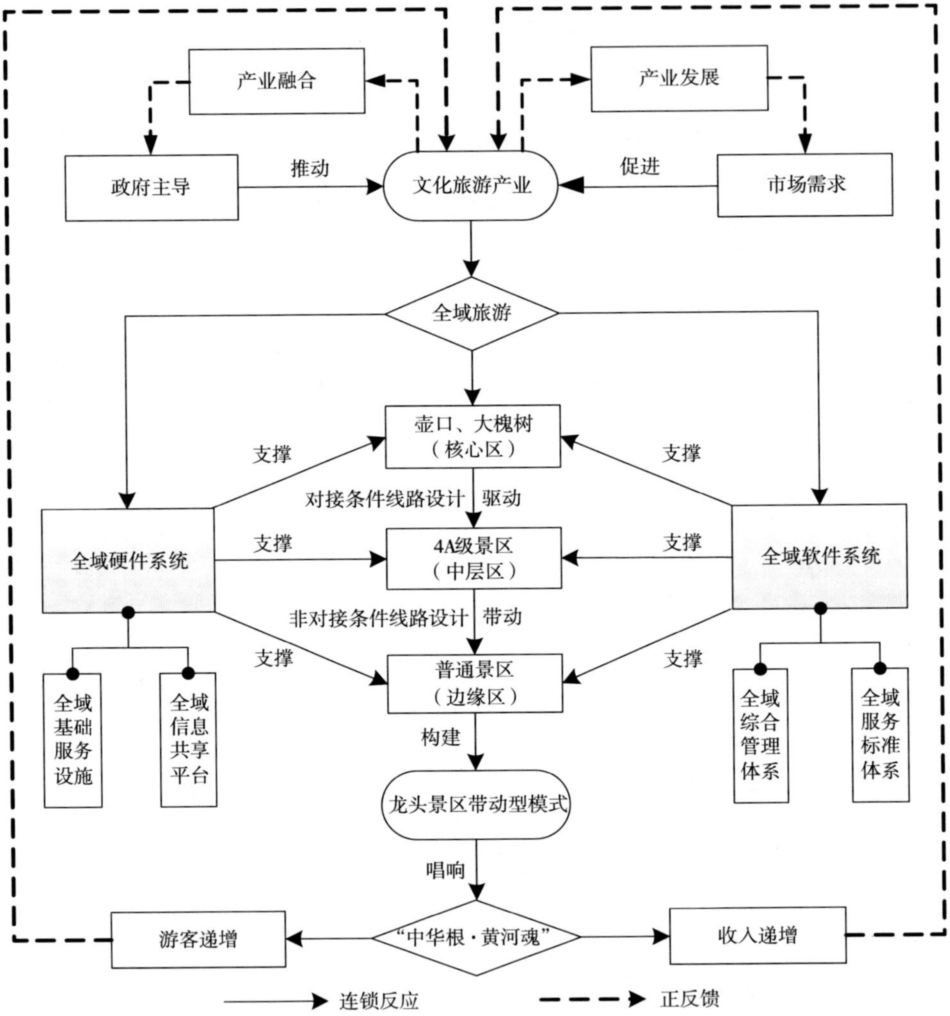

图 5.3 模型运行机理图

由 5.2 节分析结果可知，临汾市发展全域旅游最佳模式为龙头景区带动型模式。龙头景区带动型模式整体构架基于核心—边缘理论，通过资源整合分类得出核心区、中层区和边缘区，分别为不同强度的旅游经济板块；及根据各板块之间的需要，提供对接与非对接线路的连接。全域硬件、软件系统对整体构架进行支撑，核心区内的景区在对接条件线路的串联作用下，充分发挥其强有力的驱动能力，带动提升中层区旅游经济活跃度，从而增强中层区内的景区品牌及经济效应，进而使中层区内景区逐步向核心区进阶、靠拢。通过非对接条件线路链接边缘区，将核心区与中层区的优质旅游资源嵌入非对接条件线路，形成核心带中层、中层带边缘的梯次衔接驱动效应。

通过三大系统建设，完成临汾市龙头景区带动型模式的构建，推动临汾市全域旅游建设，使临汾市文化旅游产业的竞争力在全域范围内整体提升，进一步唱响“中华根 · 黄河魂”这一旅游品牌。品牌效应的扩大能更好地吸引游客，带来游客口碑效应的同时也可以带来更多的经济效益，口碑效益与经济效益可以推动城市形象、基础设施和功能的提升，进一步反哺文化旅游产业的发展。再通过发挥文化旅游产业的辐射带动能力，提升关联产业整体竞争力，实现相关产业的融合发展，形成产业联动的效果。文化旅游产业的作用的凸显，则使政府和市场加大对文化旅游产业的需求和推动，最终形成一个良性循环的市场氛围和共同驱动临汾市经济发展的良好局面。

本节通过对五种全域旅游发展模式的概念特点进行分析，选取各自代表城市研究其全域旅游发展特征。采用对比分析法结合临汾市自身发展特征进行模式选取。最终分析结果表明，龙头景区带动型发展模式作为临汾市全域旅游发展模式具有可行性。选择核心—边缘理论方法作为模型构建理论基础，基于核心—边缘理论对临汾市旅游资源进行整合分类，划分为核心区、中层区和边缘区，基于全域旅游建设要求构建龙头景区带动型模式。最终通过分析该模型的运行机理得出全域旅游的建设可以驱动临汾市经济发展的良好局面。

5.3　龙头景区带动型模式线路设计

随着我国文化旅游产业蓬勃发展，出行旅游已经成为大多数家庭的生活必需品，规划设计旅游线路也成为一个较为热门的问题。游客们已不再满足于传统跟团的观光、购物式的旅游，出游的线路也不再局限于旅行社等旅游经营者的既定安排，游客更希望出行游玩更具自主性和参与性，小型轿车逐渐普及及汽车租赁、共享汽车等行业的兴起为游客这一动机提供了极大的可行性，家庭组团自驾出行游玩的方式成为当代旅游的发展趋势。该趋势对本章研究不同对接条件的线路设计具有重要参考价值。

因此本节提出的线路设计将主要针对自驾游这一方式进行规划设计，现对不同对接条件下的线路设计相关概念界定如下。

对接条件线路设计：即将本市著名旅游景点与相邻旅游大市著名旅游景点对接，如西安、平遥等旅游热点，形成跨地区旅游线路，以共享客源方式提高客流量，增强整体旅游资源竞争力及经济效益。主要适用于省内或邻省间自驾游多日游或者旅游团多日游。线路花费时间为三到四日，适用人群较为广泛。

非对接条件线路设计：对本市域范围内基础设施建设完备，具有一定观赏价值的旅游景点进行线路设计，涉及景点包括国家A级以上景点及普通景点，使之形成闭合环状旅游线路。通过将不同知名度的景点连接，实现著名景点的辐射带动作用。该线路由于游玩花费时间较多、线路较长，因此主要适用于自由职业者、退休人员、寒暑假期学生的地方深度游。

旅游线路不仅可以作为纽带将游客、旅游企业、旅游景区、旅游目的地连接起来，更是有效促进文化旅游业发展的重要因素之一。对旅客而言，旅游线路设计优化可以实现日程规划更合理、游玩成本更低，实现满意度最大化。对于旅行社来说，则希望在不影响满足游客需求的前提下，尽可能地降低运营成本、提高经济效益。因此线路设计的问题可以转化为最值问题。

5.3.1　对接条件下的线路设计

1. 构建对接景点加权无向图

（1）景点筛选。

对接条件线路实际是将临汾市著名景点嵌入周边著名景点之间，因此以东、西、南、北各方向相邻地市景点分别为源点，对临汾市著名景点进行对接。分别取四个方向具有代表性的景点平遥古城、秦兵马俑、关帝庙、皇城相府作为对接对象，同时依据客流量、美誉度、景区建设进度对临汾市国家4A级及以上景点进行筛选。如图5.4所示。分别选择洪洞大槐树景区、乡宁云丘山旅游风景区、古县牡丹文化景区、吉县壶口瀑布旅游区以及尧庙、蒲县东岳庙景区进行线路对接。依据图论方法，将对接条件线路设计所涉及旅游景区的空间布局转化为图的模型。

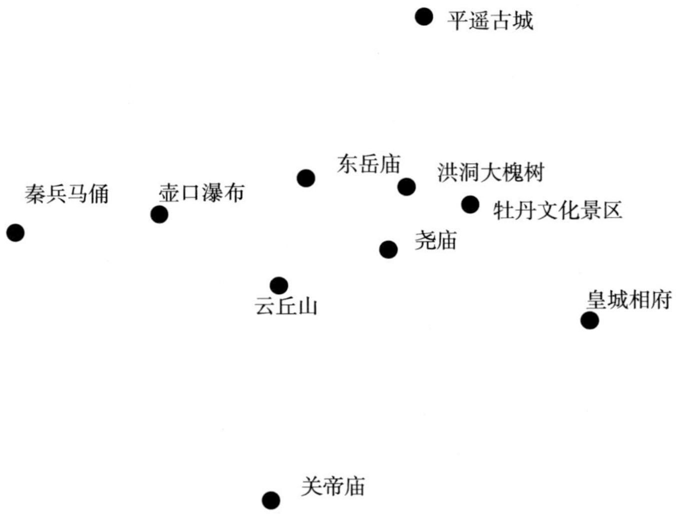

图5.4　对接条件线路涉及景点分布图

分别将四个方向具有代表性的景点平遥古城、秦兵马俑、关帝庙、皇城相府记为V_n、V_w、V_s、V_e，洪洞大槐树景区、吉县壶口瀑布景区、乡宁云丘山旅游风景区、临汾尧庙、古县牡丹文化景区、蒲县东岳庙景区分别记为V_i（i=1，2，…，6），列得表5.3。

表 5.3　对接条件景点编号表

景点名称	平遥古城	秦兵马俑	关帝庙	皇城相府	洪洞大槐树	壶口瀑布	云丘山	尧庙	牡丹文化旅游区	东岳庙对应
编码	V_n	V_w	V_s	V_e	V_1	V_2	V_3	V_4	V_5	V_6

（2）权值计算。

假定自驾出游以燃油汽车作为主要交通工具，优先以高速公路为主要方式，非高速公路作为辅助道路，路况良好，匀速度前进，忽略一切自然、人为突发状况，各景点彼此之间有若干路线相通。

由于线路设计最终以耗时最短为最优，因此优先以行程所需时间作为选择依据，当用时差距在 5 分钟以内时，选择线路最短为依据。利用电子地图查询景点间最短线路，得出景点间具体行程距离及所需时间，最终得出时间权值表 5.4 及距离权值表 5.5。时间权值及距离权值只考虑各景点之间的时间和距离，景区内所需的时间和距离未列入考虑范围。

表 5.4　对接条件景点时间权值表

单位：分

	V_n	V_w	V_s	V_e	V_1	V_2	V_3	V_4	V_5	V_6
V_n					110	217	186	128	161	178
V_w					242	228	193	225	306	291
V_s					134	146	108	117	196	184
V_e					165	213	157	147	233	215
V_1						132	104	39	69	92
V_2							120	115	196	155

续表

	V_n	V_w	V_s	V_e	V_1	V_2	V_3	V_4	V_5	V_6
V_3								85	165	153
V_4									101	93
V_5										154

表 5.5　对接条件景点距离权值表

单位：千米（取整）

	V_n	V_w	V_s	V_e	V_1	V_2	V_3	V_4	V_5	V_6
V_n					130	282	250	164	169	200
V_w					372	290	279	344	417	408
V_s					194	190	125	167	239	230
V_e					220	277	183	160	204	255
V_1						160	126	32	46	77
V_2							126	132	205	127
V_3								99	172	163
V_4									73	77
V_5										119

（3）对接条件景点加权无向图。

在临汾市景区地图中标出景点位置，如图 5.5 所示，构建对接条件景点加权无向图。

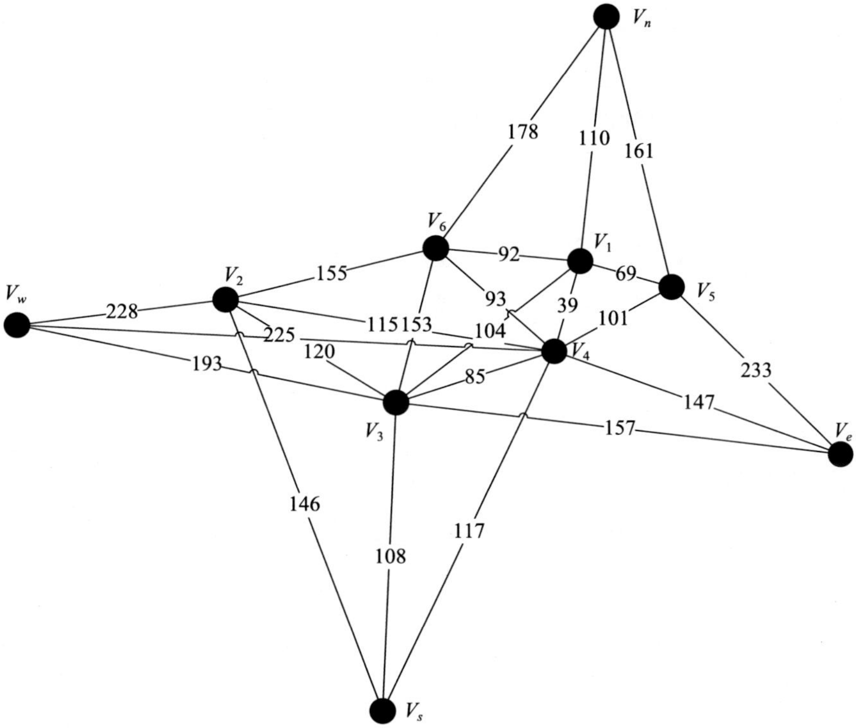

图 5.5　对接条件景点加权无向图

2. 分支限界法计算

（1）平遥古城对接秦兵马俑。

景点编号集：

$$V = \{v_n, v_1, v_2, \cdots, v_6, v_w\} \quad (5\text{-}1)$$

（其中 V_n 为源点，V_w 为终点）

最优解集合：

$$X=\{x_1,\cdots x_i\cdots x_n\}(x_i\in V) \tag{5-2}$$

表示 x_i 第 i 个前往的景点。

前往第 i 个节点耗时为

$$\mathrm{d}(i-1,i)\ (\ i>1\ ) \tag{5-3}$$

则源点至第 i 节点总耗时

$$\mathrm{D}(i)=\sum_{i>1}^{n-1}\mathrm{d}(i-1,i) \tag{5-4}$$

b(i) 为 D(i) 的一个可行解的取值，作为剪枝上限标准。

代入数据，构建解空间树如图 5.6 所示。

如图 5.6 所示，对各分枝节点依次展开，分枝 1 到 10 不具备剪枝条件。

由 1 至 10 分枝的可行解得 $b(5)=362$，观察分枝 11，$D(5)=393$，$D(5)>b(5)$，而分枝 11 第 5 节点后的展开可能性包含于 1 至 10 分枝中，后续展开节点路径必不小于前 10 个分枝，因此 $i=5$ 节点对分枝 11 进行剪枝。

同理对分枝 12、13、14 进行剪枝。

解得最优解集合 $X=\{v_n, v_5, v_1, v_6, v_4, v_2, v_3, v_w\}$

依据线路设计原则对线路进行调整得出平遥古城对接秦兵马俑初步对接线路依次为：平遥古城、牡丹文化旅游区、洪洞大槐树、东岳庙、尧庙、云丘山、壶口瀑布、秦兵马俑。

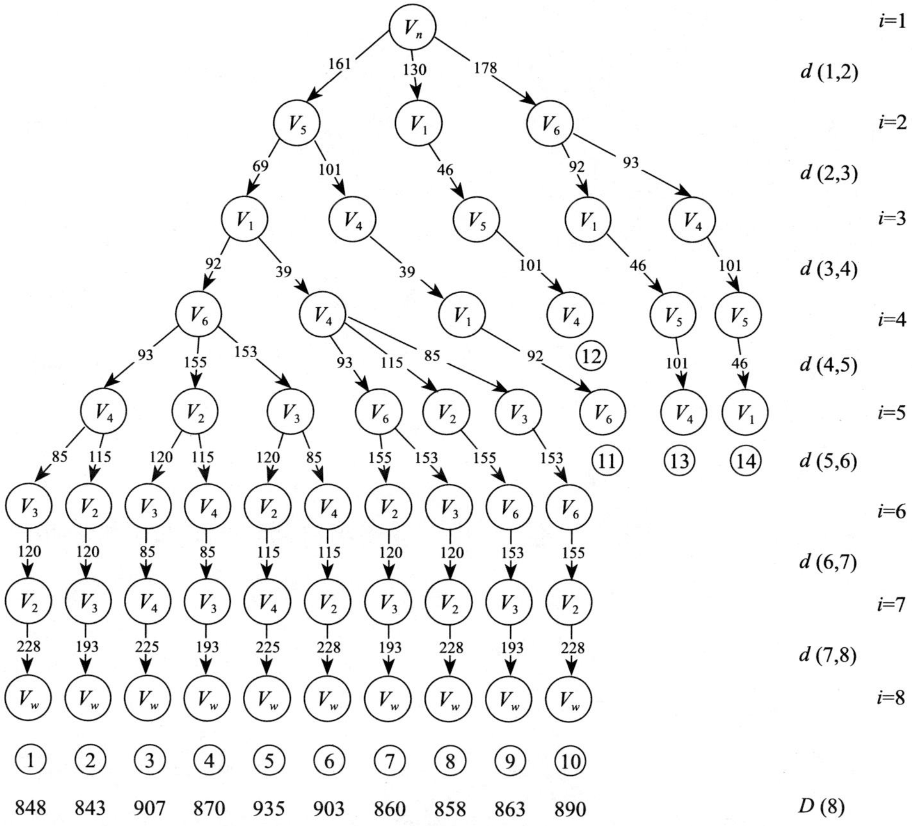

图 5.6　平遥古城对接秦兵马俑解空间树

（2）平遥古城对接关帝庙。

参照（1）中分支限界法步骤，代入数据求得平遥古城对接关帝庙初步线路图为：平遥古城、洪洞大槐树、牡丹文化风景区、尧庙、东岳庙、壶口瀑布、云丘山、关帝庙。

（3）平遥古城对接皇城相府。

参照（1）中分支限界法步骤，代入数据求得平遥古城对接皇城相府初步线路图为:平遥古城、洪洞大槐树、牡丹文化风景区、尧庙、东岳庙、壶口瀑布、云丘山、皇城相府。

（4）秦兵马俑对接关帝庙。

参照（1）中分支限界法步骤，代入数据求得秦兵马俑对接关帝庙初步线路图为：秦兵马俑、云丘山、尧庙、牡丹文化风景区、洪洞大槐树、东岳庙、壶口瀑布、关帝庙。

（5）秦兵马俑对接皇城相府。

参照（1）中分支限界法步骤，代入数据求得秦兵马俑对接皇城相府初步线路图为：秦兵马俑、云丘山、壶口瀑布、东岳庙、洪洞大槐树、牡丹文化风景区、尧庙、皇城相府。

（6）关帝庙对接皇城相府。

参照（1）中分支限界法步骤，代入数据求得关帝庙对接皇城相府初步线路图为：关帝庙、云丘山、壶口瀑布、东岳庙、洪洞大槐树、牡丹文化风景区、尧庙、皇城相府。

3. 构建对接条件的日程线路

（1）游览景点所需时间。

根据旅游论坛、导游访问以及游客访问方式综合得出各景点游览所需时间，列得表 5.6 对接条件景点游览所需时间表。

表 5.6　对接条件景点游览所需时间表

单位：小时

旅游景点	洪洞大槐树景区	吉县壶口瀑布	云丘山	尧庙	牡丹文化旅游区	东岳庙
游览时间	2	2	5	1.5	1.5	1

（2）日程线路。

由于部分对接景点之间行程较长，需于对接前日晚入住所对接地区，以充分节省旅途时间，该日记为对接前日。设对接线路的初始景点到达临汾市境内第一个景点时间为 8 点，并记为对接线路第一天。根据景点间路程所需时间以及游览景点所需时间，运用动态规划方法得出用时最短的初步线路图，线路用时相差不足 5 分钟时，以最短路径为初步线路。

根据初步线路图，将线路以日为单位划分，加入食宿地点，根据设计线路原则适当调整，得出最终线路图。

旅游线路线支出费用主要由路费、食宿费、景点门票、纪念品、预算外支出费用构成。旅行线路以高速线路为主要线路。列得线路总开销公式（5-5）：

$$W=\alpha\cdot S+\beta\cdot S_{\mathrm{H}}+\left(\delta\cdot d_1+ld_2+\lambda\right)\cdot n \qquad (5\text{-}5)$$

其中，W 为线路总开销，S 为线路总路程，S_H 为高速总路程，d_1 为就餐时间，d_2 为住宿时间，n 为旅途人数。α 为旅途汽车行驶每百公里燃油费，β 为每百公里所需高速公路过路费，δ 为每人每天所需住宿费，l 为每人每天所需伙食费，λ 为门票价格。

景点门票所需费用如表 5.7 所示。数据来源于 2018 年山西旅游官方网站及陕西旅游官方网站，价目以旺季成人价为准，线路总开销计算不考虑节假日高速免费通行，纪念品与预算外费用等人为因素较大的成本，本研究均不予考虑。假设为三口之家旅游出行，α=75 元 /100 千米，β=45 元 /100 千米，δ=100 元，λ=100 元，不满一天记为一天。

表 5.7　对接线路景点门票价目表

单位：元

景点名称	平遥古城	秦兵马俑	关帝庙	皇城相府	洪洞大槐树	壶口瀑布	云丘山	尧庙	牡丹文化旅游区	东岳庙
门票价格	150	150	70	120	80	100	80	50	30	35

平遥古城对接秦兵马俑线路最终线路图。

对接前日：平遥古城、古县（住宿）

第一日：牡丹文化旅游区、洪洞大槐树、东岳庙、尧都区（住宿）

第二日：尧庙、云丘山、乡宁县（住宿）

第三日：壶口瀑布、秦兵马俑

线路总开销 –663+225+900+1200+2025=5013 元

人均费用 = 5013/3=1671 元

平遥古城对接关帝庙线路最终线路图。

对接前日：平遥古城、洪洞县（住宿）

第一日：洪洞大槐树、牡丹文化旅游区、尧庙、蒲县（住宿）

第二日：东岳庙、壶口瀑布、乡宁县（住宿）

第三日：云丘山、关帝庙

线路总开销 =528+145+900+1200+1785=4558 元

人均费用 =4558/3=1519 元

平遥古城对接皇城相府线路最终线路图。

对接前日：平遥古城、洪洞县（住宿）

第一日：洪洞大槐树、牡丹文化旅游区、尧庙、蒲县（住宿）

第二日：东岳庙、壶口瀑布、乡宁县（住宿）

第三日：云丘山、皇城相府

线路总开销 =572+165+900+1200+1935=4772 元

人均费用 =4772/3=1591 元

秦兵马俑对接关帝庙线路最终线路图。

对接前日：秦兵马俑、乡宁（住宿）

第一日：云丘山、尧庙、古县（住宿）

第二日：牡丹文化旅游区、洪洞大槐树、东岳庙、吉县（住宿）

第三日：壶口瀑布、关帝庙

线路总开销 =668+230+900+1200+1785=4783 元

人均消费 =4783/3=1594 元

秦兵马俑对接皇城相府线路图。

对接前日：秦兵马俑、乡宁（住宿）

第一日：云丘山、壶口瀑布、蒲县（住宿）

第二日：东岳庙、洪洞大槐树、牡丹文化旅游区、尧庙（住宿）

第三日：尧庙、皇城相府

线路总开销 =666+225+900+1200+1935=4926 元

人均消费 =4926/3=1642 元

关帝庙对接皇城相府线路图。

对接前日：关帝庙、乡宁（住宿）

第一日：云丘山、壶口瀑布、蒲县（住宿）

第二日：东岳庙、洪洞大槐树、牡丹文化旅游区、尧庙（住宿）

第三日：尧庙、皇城相府

线路总开销 =551+155+900+1200+1695=4501 元

人均消费 =4501/3=1500 元

5.3.2 非对接条件的线路设计

1. 景点筛选

非对接条件下线路主要目的为发挥核心区、中层区辐射带动作用，逐步提升边缘区景区美誉度与经济效益，因此非对接条件线路涉及临汾市所有建设完毕的景点。鉴于线路长度不宜过长，对于建设尚未完成、开发程度不够、游人观赏游玩基础设施不够完善、观赏价值过小的景区暂时不予考虑。选择尧庙、牡丹文化旅游区、东岳庙、洪洞大槐树景区、云丘山、壶口瀑布、人祖山、姑射山风景区、苏三监狱、霍州署衙门、陶唐峪、七里峪、龙澍峪、丁村遗址、小西天、广胜寺 16 个景点作为非对接线路研究对象。依据图论将非对接条件线路设计所涉及旅游景点的空间布局转化为图的模型，如图 5.7 所示。

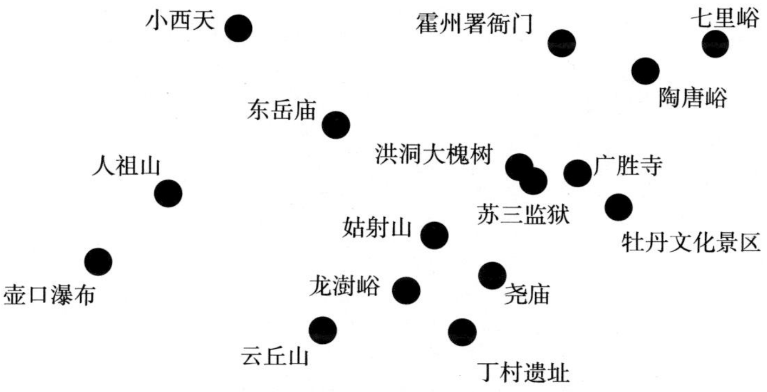

图 5.7　非对接条件下线路设计涉及景点分布图

对非对接条件线路设计所涉及景点依次进行编号，如表 5.8 所示。

表 5.8　非对接线路景点编号表

景点名称	尧庙	洪洞大槐树景区	壶口瀑布	云丘山	牡丹文化旅游区	东岳庙	姑射山风景区	苏三监狱
编号	V_0	V_1	V_2	V_3	V_4	V_5	V_6	V_7
景点名称	人祖山	霍州署衙门	陶唐峪	七里峪	龙澍峪	丁村遗址	小西天	广胜寺
编号	V_8	V_9	V_{10}	V_{11}	V_{12}	V_{13}	V_{14}	V_{15}

2. 权值计算

非对接条件下的旅游线路设计假设条件与对接条件线路设计假设

条件相同，假定自驾出游以燃油汽车作为主要交通工具，优先以高速公路为主要道路，非高速公路作为辅助道路，忽略一切自然、人为突发状况，各景点彼此之间有若干路线相通。利用电子地图查询非对接线路景点间线路，得出景点间最短行程距离及行程所需时间，得出非对接条件景点时间权值表 5.9 及距离权值表 5.10。时间权值和距离权值均只考虑各景点之间的时间和距离，景区内所需的时间和距离未列入考虑范围。

表 5.9　非对接条件景点时间权值表

单位：分（取整）

	V_1	V_2	V_3	V_4	V_5	V_6	V_7	V_8	V_9	V_{10}	V_{11}	V_{12}	V_{13}	V_{14}	V_{15}
V_0	39	115	85	101	93	64	41	111	70	81	76	44	40	143	58
V_1		141	104	69	92	84	7	126	113	117	115	62	69	119	30
V_2			120	196	155	128	132	67	164	176	169	110	127	138	148
V_3				185	153	134	107	122	77	148	140	95	81	192	128
V_4					154	147	67	181	102	113	105	128	130	170	72
V_5						125	87	80	119	130	122	109	114	67	104
V_6							86	164	117	129	121	90	102	181	106
V_7								129	53	59	57	65	70	120	23
V_8									151	176	168	107	120	72	143
V_9										28	28	95	101	92	62
V_{10}											35	102	108	112	65
V_{11}												95	100	104	62
V_{12}													54	166	81
V_{13}														173	83
V_{14}															128

表 5.10　非对接条件景点距离权值表

单位：分（取整）

	V_1	V_2	V_3	V_4	V_5	V_6	V_7	V_8	V_9	V_{10}	V_{11}	V_{12}	V_{13}	V_{14}	V_{15}
V_0	32	132	99	73	77	26	32	103	86	95	90	25	31	129	56
V_1		160	126	46	77	54	3	128	40	43	55	64	72	141	15
V_2			126	205	127	138	159	61	204	213	209	117	134	124	184
V_3				172	163	113	126	120	171	180	175	94	86	183	144
V_4					119	87	43	171	91	82	95	107	115	181	50
V_5						81	76	66	122	131	126	99	107	56	101
V_6							49	96	100	109	104	40	56	133	62
V_7								128	51	44	56	64	72	141	16
V_8									155	171	178	87	103	63	153
V_9										17	20	110	118	100	51
V_{10}											28	118	126	116	43
V_{11}												113	121	123	54
V_{12}													34	152	79
V_{13}														159	96
V_{14}															140

3. 非对接条件景点加权无向图

构建非对接条件景点加权无向图，如图 5.8 所示。

（1）分支限界法计算。

非对接条件线路设计无特定起点终点，因此将游客计算中心尧都区景点尧庙作为起点及终点，因此非对接条件线路设计可转化为 TSP 问题，采用分支限界法进行设计，线路设计步骤与 5.3.1.2（1）相同，计算结果得出非对接条件初步线路图，如图 5.9 所示。

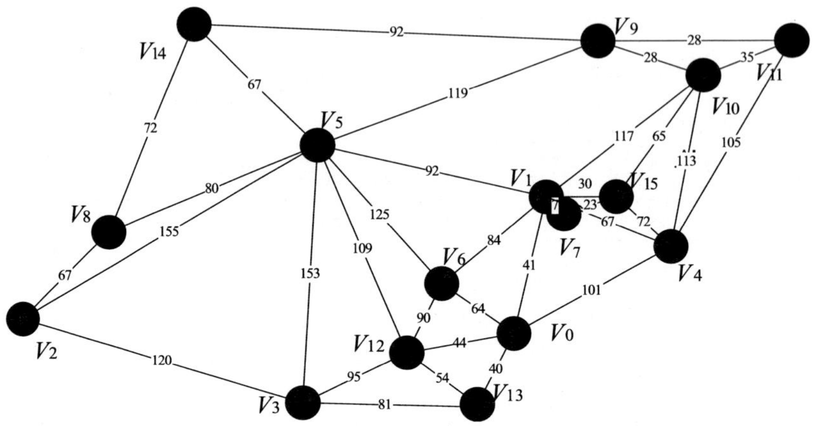

图 5.8 非对接条件景点加权无向图

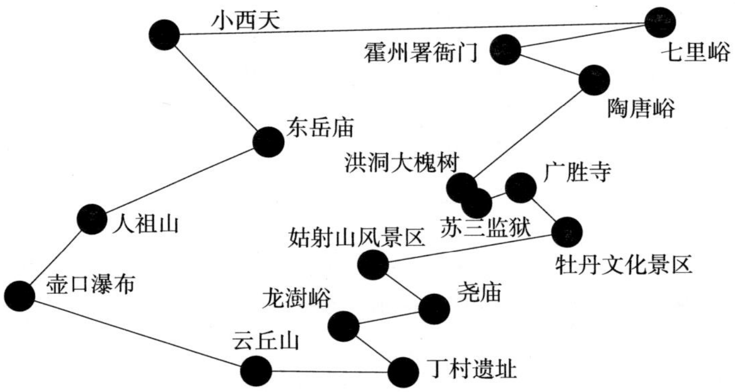

图 5.9 非对接条件初步路线图

（2）构建非对接条件日程线路。

日程图计算方法和假设条件同上节对接条件线路设计的计算方法相同。根据游记及旅行社导游问询得出各景点游览所需时间，列得非对接条件景点游览所需时间表如表 5.11 所示。

表 5.11　非对接条件景点游览所需时间表

单位：小时

景点名称	尧庙	洪洞大槐树景区	壶口瀑布	云丘山	牡丹文化旅游区	东岳庙	姑射山风景区	苏三监狱
所需时间	1.5	2	2	5	1.5	1	2	1
景点名称	人祖山	霍州署衙门	陶唐峪	七里峪	龙澍峪	丁村遗址	小西天	广胜寺
所需时间	2.5	1	3	3	3	1.5	1.5	1.5

景点门票所需费用如表 5.12 所示。数据来源于 2018 年山西旅游官方网站，价目以旺季成人价为准。

表 5.12　非对接条件线路设计景点价目表

单位：元

景点名称	尧庙	洪洞大槐树景区	壶口瀑布	云丘山	牡丹文化旅游区	东岳庙	姑射山风景区	苏三监狱
门票价格	50	80	100	80	30	30	25	45
景点名称	人祖山	霍州署衙门	陶唐峪	七里峪	龙澍峪	丁村遗址	小西天	广胜寺
门票价格	60	30	30	42	50	15	25	55

线路总开销计算不考虑节假日高速免费通行，纪念品与预算外费用等人为因素较大的成本。假设为三口之家旅游出行，α=75 元 /100 千米，β=45 元 /100 千米，δ=100 元，l=100 元，不满一天记为一天。

代入数据，得出非对接条件日程线路。

第一日：尧庙（起点）、姑射山风景区、牡丹文化风景区、洪洞县（住宿）

第二日：广胜寺、苏三监狱、洪洞大槐树、陶唐峪、霍州（住宿）

第三日：霍州署衙门、七里峪、小西天、蒲县（住宿）

第四日：东岳庙、人祖山、壶口瀑布、乡宁县（住宿）

第五日：云丘山、丁村遗址、襄汾县（住宿）

第六日：龙澍峪、尧庙（终点）

线路总开销 =629+100+1500+1800+2241=6270 元

人均开销 =6270/3=2090 元

本节通过图论和分支限界法对临汾市部分景区进行了不同对接条件下的线路设计，通过线路设计可以有效促进临汾市旅游产业与相邻地市的友好交流，加强龙头景区带动型模式中核心区、中层区及边缘区之间的协同关联度，推进临汾市全域旅游建设，增强了临汾市旅游产业的整体竞争力。同时，不同对接条件下的旅游线路可以为适宜人群，特别是以家庭为单位的自驾游人群提供游玩线路支持。

5.4 山西省临汾市全域旅游发展政策建议

5.4.1 全域旅游软硬系统建设

1. 全域旅游的基础设施建设

围绕旅游业传统六要素“吃、住、行、游、购、娱”，紧扣“安、顺、诚、特、需、愉”六字要诀，加强旅游配套基础设施建设，健全景区功能服务，营造舒适的旅游氛围。

加快黄河一号临汾段沿黄、太岳等通往主要景区的旅游公路建设，为旅游观光提供便利；加快霍永等高速建设进度，完成高速机场连接线；增设旅游专列高铁车次，进一步拉近外地游客到临汾市观光旅游的距离。

优先打造洪洞大槐树与黄河壶口瀑布两大核心景区旅游基础设施建设、建设绿色慢行系统、美化景区周边环境、健全完善景区配套综合服务区、休闲度假场所，合理规划建设景区停车场，避免高峰拥堵，影响旅客游览观光。以两大核心景区作为全域标准进行推广。

将购物中心巧妙设计融入观光路线，形成游购一体的观光体验。打造精品特色美食街，推出平价惠民本地特色美食小吃，弘扬山西美食文化。推进星级酒店提档升级，重点旅游县市着力提升一到两家酒店的硬件建设及服务管理水平，努力为游客提供舒适、便捷的住宿服务。

2. 全域信息共享平台

建设政府、景区、游客三方统一的全域信息共享平台。平台涵盖临汾市全域旅游大数据处理云平台，远程视频监控中心，景区统筹调度中心，实现游客出入管理数据、交通、气象等实时信息共享。

政府版块基于全域信息共享平台可对游客和景区进行有效的组织、协调、管理和控制。基于远程视频监控增强监督管理力度，促进政府从传统的事后、被动处理逐渐转变为事前预防和实时监管。例如，通过视频监控发现旅游安全事件时，政府可以同时借助于景区统筹调度中心和大数据处理云平台开展应急指挥等工作。针对旅客的不文明行为，通过实时监管可以有效减少景区胡写乱画、乱丢垃圾、破坏景区文物等不良行为。同时对于游客在旅行途中遭遇“黄牛”“宰客”“黑导游”等欺骗、诱导、强制消费等影响游客观光体验的不法行为可以进行有效监督，为游客安全出行提供保障。

景区版块推出实时流量监控、精品线路推广、电子景区概况、电子票务系统、电子导游、特色营销活动等模块，优化游客出行体验，形成市场良性竞争。

游客版块可以推出线上投诉、仲裁、救援快速通道、精准营销、个性化自助服务等。游客与政府、企业三方共同打造实时线上信息沟通平台，游客分享体验交流平台，建立景区评分机制，倒逼企业服务质量提升。

3. 全域综合管理体系

临汾市旅游发展委员会牵头成立全域旅游工作小组，小组成员主要由各县市分管领导构成。形成多部门联动的发展体制机制，统筹推进全域旅游工作格局，提升旅游产业工作的综合协调能力，更好地发挥政府在临汾市全域旅游建设中的领导作用。方便对全域范围内景区的人力资源、资金、旅游信息等要素合理优化配置，打造利于临汾市全域旅游建设的优质政策环境。建立“1+3+N”全域旅游综合执法管理体制，设立旅游警察、旅游工商、旅游巡回法庭及N个旅游服务机构，旅游管理由传统的单一部门推动向部门综合联动转变，形成对旅游业统一领导、统一规划、统一管理、统一协调的综合管理体制。结合全域信息共享平台，为游客在游览过程中提供景点、旅行社或者当地相关服务方便快捷的投诉反馈渠道。

4. 全域公共服务体系

建设公共服务体系的重点在于加强服务体系的标准化建设。标准体系应当以洪洞大槐树与黄河壶口瀑布两大核心景区为标准化示范单位，引领临汾市域范围内的景区共同打造统一的旅游服务标准和知名品牌。

旅游标识作为游客与临汾市景区的第一链接点，是临汾市发展全域旅游的基础和切入口，各县应该利用新技术开展旅游标识系统革新。如微信二维码扫一扫电子标识，形成标准化与个性化、创意与内涵相结合的旅游标识系统，以充分发挥旅游标识道路指向、景点解说、文化内涵、注意警示等作用。

建立“一主两副多点”全域旅游咨询系统。一主是指将临汾市尧都区打造成为旅游集散咨询主中心，在乔李机场、临汾西站、火车站、西客站等游客集散中心设立全域旅游咨询站点，布局咨询服务网络；两副则是在洪洞县、吉县设立旅游集散咨询副中心；多点则包括在云丘山、人祖山、东岳庙、小西天、古县牡丹文化景区等著名景点和主要乡、镇、村设立游客咨询点。

建立成熟完善的旅游公共交通体系。完备的旅游公交服务体系可以为游客提供良好的游玩舒适感，公交系统作为城市文明之窗，可以加深游客对目的地城市的印象。

打造智能化全域公共服务体系，构建智能化旅游景区，满足游客现代化旅游消费需求。建设景区 AI 客流统计系统，分析客流量以及时发布危险预警,识别并提醒游客的危险行为等。推动公共区域无线 Wi-Fi 普及；鼓励引导民营企业开展旅游汽车租赁服务；通过逐步完善公共服务系统，使游客旅途更加智能、舒适、便捷。

5.4.2 加强沟通合作

文化旅游产业作为开放性产业，需要沟通合作不断拓展产业的深度和宽度。具体的沟通合作涉及政府、景区、企业三方角色。

首先，临汾市政府与相邻地市政府沟通合作，建立旅游经济战略合作关系。以对接条件线路为契机，促进本地旅游景区与相邻地市旅游景区的对接。从上层政策引导对接条件下景区线路的运行，推动跨域旅游景区之间的合作。形成区域规模品牌优势，鼓励不同地市旅游企业合作，共享客源流量，促进临汾市核心区、中层区和边缘区协同发展，推进临汾市龙头景区带动型建设。

其次，临汾市域范围内县级政府之间的沟通合作，需要在全域旅游领导小组的统筹规划下进行。同时要避免低层次同质竞争，发挥各县自身优势，共同打造“一县一特色”的合作局面。凝聚成为统一整体，整体推广，整体营销，共同打造“中华根·黄河魂”旅游品牌。

最后，要注意加强高校、景区与企业之间的合作，优化人才引进和培养体系。对于优秀导游、文创工艺、观光农业、户外探险、乡村风情、电子商务、节庆设计等方面的技术人才，建立共同标准化系统培养机制及人才流通机制，提升旅游从业人员的专业素质及服务水平。使优秀人才更好地为临汾市全域旅游发展服务，同时也为旅游人才提供更好的发展平台。

5.4.3　景区内部创新

临汾市著名景区要学习借鉴全国优秀旅游城市，景区内部要积极创新，告别传统门票经济的依赖，科学合理设置景区门票。结合景区特色开展节庆活动，如洪洞大槐树景区结合根祖文化开展清明祭祖节、古县牡丹文化旅游区开展牡丹文化节、曲沃晋国博物馆开展春秋晋国文化节等。基于旅游资源特色加强与文化产业之间的合作，将文化创意与旅游景点的自然与人文景观融合创造出全新的创意产品，例如与影视行业、动漫产业结合，打造实景舞台剧等，不仅可使旅游产品化静为动，并且可以有效提升旅游景点的影响力和知名度。同时，通过对文创产品开展民间作品有奖征集活动，与高校学院、社团积极合作，将临汾市的尧文化、根祖文化、黄河文化打造成行走的文化符号。

5.4.4 全方位立体营销

全方位开放合作，多媒介宣传营销，线上线下互动传播，积极创新营销手段，着力打造临汾市“中华根·黄河魂”全域旅游品牌。

积极开展线上线下景区企业互动合作，依托旅游信息化服务，打造新媒体营销体系。拓展新媒体渠道，入驻各种旅游 App，依据旅游大数据进行客源分析，开展用户精准营销推介。利用 360、百度等知名搜索引擎、门户网站，微信、微博、QQ 等社交平台，策划营销活动。寻找名人或知名旅游大 V 加盟景区代言人，入驻景区直播平台，进行形式多样的宣传推广。

开展全域旅游文化节，重点景区要根据各自景区文化特色，依次开展体现浓郁地方风情特色、互动参与性强的旅游节庆活动，营造临汾市域整体旅游文化氛围。加强与航空、高铁的营销合作，提升乔李机场与高铁站电子广告宣传力度，加大航班、高铁车次旅行手册与临汾市全域旅游二维码的投放量。

本节从全域旅游软硬系统建设、加强沟通合作、景区内部创新、全方位立体营销四个方面，提出了临汾市全域旅游的发展路径。针对临汾市旅游发展存在的问题，提出应围绕洪洞大槐树与黄河壶口瀑布两大龙头景区部署旅游基础设施和公共服务体系，再以核心区为标准全域推广建设。同时要积极拓展临汾市旅游产业的深度与广度，加强与周边地市友好交流与合作。通过强化景区内部建设以及创新开发优质旅游产品，全力打造临汾市“中华根 · 黄河魂”全域旅游大品牌，推动临汾文化旅游产业更好更快地发展。

5.5　本章小结

本章以山西省典型的资源型地级市——临汾市为例，通过对比分析全域旅游发展的五种发展模式，并结合临汾市实际情况，提出构建由龙头景区带动型的全域旅游发展模式。针对性地提出了相应的政策建议，以期能给山西省全域旅游的发展带来启示。

近年来，山西深入挖掘“地上”资源，依据发展实际重新谋划文化旅游产业，从产业转型发展上下足功夫，全力将文化旅游业打造成山西省的战略性支柱产业。为此，山西省做出完整的旅游规划布局，突出综合治理和补齐短板，着力创新发展机制体制，充分促进旅游业全区域、全要素、全产业链发展。同时各相关部门应在公共服务设施、人才培训、品牌推广等方面积极配合，最终形成全域共建、全域共融、全域共享的全域旅游发展格局。

第6章　山西省永磁产业的发展研究

近年来，山西产业转型发展取得了巨大成效，但也面临着很大压力。特别是伴随着我国经济发展进入新常态，面临煤炭市场需求减少、价格下行的巨大冲击，山西的转型发展更为迫切、更加艰难。永磁产业是关系国民经济和国家安全的具有重要战略意义的产业，在国家大力发展新材料产业的同时，山西省也加快了产业转型发展新材料产业的步伐。山西省永磁产业的发展主要是以钕铁硼永磁材料为基础，也是我国最早研发钕铁硼永磁材料并形成产业化的省区市之一。

目前，我国钕铁硼永磁产业形成了以宁波地区、京津地区、山西地区、包头地区和赣州地区为主的产业集群，山西省自20世纪80年代发展永磁产业以来形成了太原、运城、阳泉、长治等大产业集群。近几年，受山西产业政策、技术创新、市场需求、企业整合等有利因素影响，山西省钕铁硼永磁产业又迎来了发展的春天。国家的新材料产业“十三五”

规划正式出台后，山西省建立了高新技术产业园区、新材料产业园区，极大地促进了永磁产业的发展。但是山西永磁产业竞争力水平与北京、浙江、广东、山东等地的永磁产业竞争力水平有很大的差距，永磁产业比较优势在不断弱化。2019 年 12 月 6 日，山西中磁尚善科技有限公司与浙江大学材料科学与工程学院签署战略合作框架协议，山西省永磁产业的高端化发展之路开启。

本章首先从外部环境因素中的支持条件和内部驱动因素中的基础条件两个方面，总结永磁产业竞争力的内涵；通过研究山西省永磁产业集聚度、市场集中度，分析山西省永磁产业发展的机遇及其所面临的问题，并构建了山西省永磁产业竞争力评价指标体系；运用灰色关联分析法对山西省永磁产业竞争力进行评价，以期能为山西省产业转型升级提供决策依据。

6.1　山西省永磁产业竞争力现状概述

本节利用比较优势理论、竞争优势理论、创新理论、产业集聚等相关理论，分析国内永磁产业发展现状，在这基础上从山西省永磁产业集聚程度、产业集中度、永磁产业链、发展的机遇、所面临的问题五个方面，对山西省永磁企业竞争力发展现状进行研究。

6.1.1　产业竞争力相关概念及理论基础

1. 产业竞争力基本概念

迈克尔 · E. 波特（Michael E. Poter）认为产业的竞争优势和企业的竞争优势是国家竞争优势的来源。宏观经济环境、政策环境等影响因素会影响产业竞争优势和企业竞争优势。因此，迈克尔 · E. 波特在《国家竞争优势》一书中提出产业竞争力是在多种要素、多个条件联系下，不同要素、条件的优势相互影响、相互转化的结果，他提出的“钻石模型”体系就是此含义。迈克尔 · E. 波特（2002）提出了“价值链”理论，价值链是指在生产链的各个环节上附加的价值，价值链也是产业竞争力理论的重要内容。他提出企业生产链上的每个环节都相互密切联系，在运行过程中既相互配合又相互促进，重视创造产品价值的战略环节，是形成竞争力的主要因素。

金碚（2003）所提出的竞争力概念为国内广泛使用，他从生产力学说的角度，认为在国际贸易自由的前提下，一个国家在某一个产业上具有产品质量、生产效率明显高于其他国家的优势，并可以为其他国家提供这种产品、生产服务同时能获得盈利时，这就称为产业具有竞争力。裴长洪（1998）从比较优势理论的角度来看产业竞争力，他提出产业在产品质量、服务、价格等方面具有绝对优势且占据主导地位，并且具有相对比较优势，这两者的总和，称为产业竞争力。张超（2002）也从比较优势理论来界定产业竞争力。他认为不同国家和地区在同种产业上，产品质量、生产效率、创新能力、服务能力的高低是不同的，在这些方面具有比较优势的一方，我们一般认为具有产业竞争力。庞娟（2001）提出的产业竞争力体现在市场集中度上，认为一国的某一产业与其他国家的同种产业在产品销售、生产等方面相比，具有绝对的市场占有率，那么这个国家的产业就具有产业竞争力。郭京福（2004）从要素资源理论的角度，提出某一个产业具有对生产要素高效转化的能力，相比于其他地区能获得更多的盈利，就可以说这个产业具有竞争力。

2. 比较优势理论

比较优势理论是市场经济理论的奠基石。以李嘉图为代表提出的比较优势理论，认为国际贸易的前提是不同国家的发展能力、生产技术水平、相对成本和外部环境存在差异，但如果一个国家在竞争中无论处于优势还是劣势，都能够从贸易中获取收益，说明该国家具有比较优势。基于比较优势理论，一方面可以在生产率较高的领域通过生产及出口比较优势的商品占据市场；另一方面可以在生产率较低的领域中进口产品，进而满足需求。比较优势理论建立在亚当·斯密（Adam Smith）的劳动分工和自由贸易理论的基础上，进一步拓宽了使用范围，至此比较优势理论得到持续的扩展与延伸。

3. 竞争优势理论

以迈克尔·E. 波特为代表人物的国家竞争力优势理论认为，一个国家的产业相比于其他国家在生产效率上更高，说明其在这一产业具有竞争力。而国家为产业发展所提供的配套设施、政策环境等都为其发展起到促进作用，这是产业竞争力的来源。目前，迈克尔 · E. 波特的“钻石模型”是分析产业竞争力运用最广泛的理论模型，这个模型包括六个影响因素，四个基本因素（包括生产要素条件影响因素、需求状况影响因素、相关及支持产业影响因素、企业战略、结构和同业竞争影响因素），两个辅助影响因素（包括政府、机会影响因素），这些因素都会或强或弱地影响产业竞争优势的形成。竞争优势理论为本章的后续研究提供了重要的理论支撑。

4. 创新理论

以约瑟夫 · 阿洛伊斯 · 熊彼特（Joseph Alois Schumpeter）为代表的技术创新理论认为，技术创新是产业的竞争优势，要不断提高技术创新为组织、企业提供发展动力。产业竞争力理论在不断的探讨中慢慢发展成熟，为后续学者在理论分析、实证分析研究产业竞争力时提供了科学的理论基础。以诺思为代表的制度创新理论认为，制度的创新为组织、企业提供发展的活力，通过制度创新为企业提高技术水平、盈利水平、提高综合能力提供支撑。

根据产业竞争力内涵概念及产业竞争力的比较优势、竞争优势、产业集聚和创新理论，结合永磁产业的资金密集、技术密集、环境友好的基本特征。本书认为永磁产业竞争力是指一个地区的永磁产业在技术、环境、配套设施等方面，与其他地区相比，是否在市场竞争中具有发展优势。

5. 产业集聚理论

迈克尔·E. 波特是最早提出集群概念的学者，他在 1990 年出版的《国家竞争优势》一书中提到集群是指某一产业及支持这一产业发展的相关产业，不仅在地理位置上聚集在一起，并且相互配合、相互密切联系共同发展，那么这一产业及相关支持产业就被认定为集群。之后迈克尔·E. 波特提出了产业集群的概念，他认为产业集群是在特定区域内，相关的企业在发展中相互配合、互相学习，形成的共同发展的经济集合体，包括了生产企业、加工企业、销售企业，还包括了辅助性的企业，如科研机构、金融企业、电子信息企业等。

王辑慈（2004）是国内研究永磁产业集群理论较早的学者，提出产业集群是在一个区域内，同类型企业及相关辅助企业不仅在地理位置上靠得较近，而且相互配合、相互联系，在经济上互相帮助以降低企业运营成本，在技术、信息上互相沟通、互相学习，通过信息的交流促进技术的创新，来共同提高企业的经济效益。

6.1.2 山西永磁产业链及产业聚集度分析

在山西省钕铁硼永磁材料产业链中，稀土资源的开发、冶炼分离、加工及纯铁制造业、能源电力为上游产业链；生产稀土功能性材料，即钕铁硼永磁材料的生产属于中游链；下游链则是对钕铁硼等永磁材料的应用以及钕铁硼磁粉和废料的回收利用，如图 6.1 所示。由于缺乏稀土原材料，因此山西省永磁产业处于产业链的中游和下游。就中游来说，山西省永磁产业生产的大多是中低档磁材，企业集群水平较低。就下游来说，山西省永磁产业的应用市场不广阔，新能源领域应用不充分，存在供大于求的现状。同时无法实现对废弃永磁材料的完全处理，造成能源和材料的浪费。

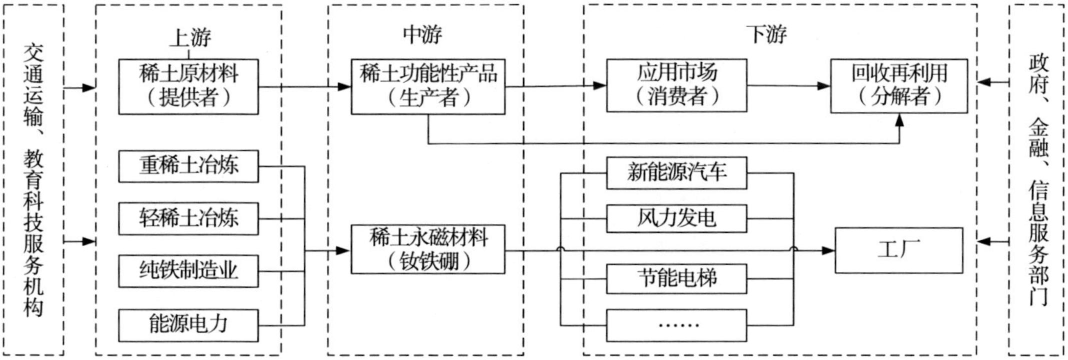

图 6.1　山西省永磁产业链

山西钕铁硼永磁产业的中游和下游产业链主要有四条线，即磁体—风电电机—风电设备，磁体—汽车用电机—电动汽车，磁器件—手机部件—手机，磁体—医疗设备。对比钕铁硼永磁材料在各个领域的应用，山西钕铁硼下游产业链比较狭窄，但随着材料性能的不断提高，将会应用到更多的领域，来延伸钕铁硼产业链。

笔者依据 2008—2016 年山西省永磁产业产值数据，基于区位熵分析视角，对山西省和全国永磁产业产值进行统计，计算结果如图 6.2 所示。

一般来说，当 LQ>1 时，系数越大集聚程度越高，说明该地区的产业集群具有比较优势；当 LQ<1 时，系数越接近 0，表示集聚现象越不明显，产业集群程度越弱。由图 6.2 可以看出山西省永磁产业区位熵都大于 1，证明永磁产业集聚程度较高，表明山西永磁产业具有一定竞争力。

从图 6.2 看出，2008—2011 年，整体发展态势良好，其中 2011 年山西省永磁产业区位熵值最高，发展状态达到最好。2012 年，由于稀土原材料价格不断攀升，使得生产永磁材料的企业成本上涨，很多企业不得不减产、停产甚至有小企业倒闭，永磁产业遭受了重创，但 2016 年永磁产业发展形势明显回升。

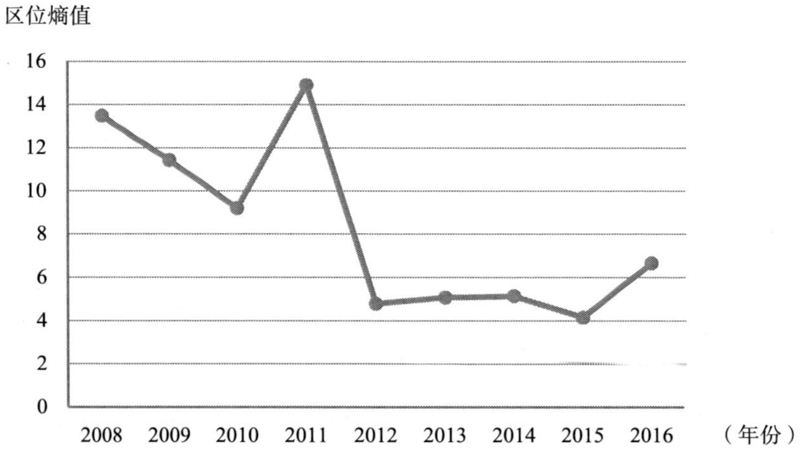

图 6.2　2008—2016 年山西省永磁产业产值区位熵值

产业集中度是在某个区域内，行业龙头企业在销售值、产值等方面对市场的支配程度，集中度值可以在一定的程度上反映出这个产业的竞争方式。由于山西永磁企业多属于中小企业，产值相差不大，因此本节分别选取产值位于前四位和前八位的企业数据，来计算 2014 年山西永磁产业的集中度指数，分别为 32.73%、35.95%。一般认为，如果该指数大于等于 30%，则该行业为寡占型。由此可以看出山西省永磁产业的几家龙头企业占据市场绝大份额，而且还有多数的小企业，总体上企业实力差距较大。

6.1.3　山西省永磁产业的发展机遇

1. 国家相关政策鼓励永磁产业发展

磁性材料产业作为重要的军民两用高新技术材料，属于国家战略性发展产业，是国家重要的支持产业。最近几年国家出台了多项政策文件鼓励战略性新兴产业、新材料产业的发展，其中就包括高端钕铁硼永磁产业发展。同时其他相关行业也出台鼓励性政策，一定程度上保障了钕铁硼材料产业的发展。表 6.1 是国家近几年出台的关于鼓励永磁产业发展的主要政策。

表 6.1　2010—2016 年我国针对永磁材料产业发展的主要政策

时间	主要政策目录	相关内容
2010 年	《国务院关于加快培育和发展战略性新兴产业的决定》	大力发展稀土功能性材料

续表

时间	主要政策目录	相关内容
2012 年	《节能与新能源汽车产业发展规划（2012—2020 年）》	到 2020 年，大力发展纯电动汽车和插电式混合动力汽车，燃料电池汽车、车用氢能源产业与国际同步发展
	《“十二五”国家战略性新兴产业发展规划》	大力发展稀土永磁、发光、催化、储氢等高性能稀土功能材料和稀土资源高效综合利用技术
	《能源发展“十二五”规划》	以发展分布式能源、智能电网、新能源汽车为主，大力推广新的提供能源的方式
2015 年	《中国制造 2025》	大力发展稀土高端磁性材料、催化材料等新材料产业，将新型材料产业作为战略新兴产业发展的重点
	《关于 2016—2020 年新能源汽车推广应用财政支持政策的通知》	对购买新能源汽车给予补助，实行普惠制，促进新能源汽车产业加快发展
2016 年	《“十三五”国家战略性新兴产业发展规划》	新材料提质和协同应用工程中做好稀土功能材料标准布局，促进新材料产品品质提升
	《“十三五”节能减排综合工作方案》	电机系统的节能作为十三五节能重点工程之一，鼓励采用高效节能电动机、风机等，更新淘汰落后耗电设备
	《稀土行业发展规划（2016—2020 年）》	加快发展高性能稀土新材料，开发高综合性能稀土永磁体
2017 年	《新材料产业发展指南》	永磁材料作为关键战略材料，是急需突破的重点任务，是政策支持和产业化发展的重点

2. 多领域的市场需求拉动永磁产业发展

钕铁硼永磁材料可以对所用产品的性能和效率有很明显的提升，且具有很高的性价比，因此除了被广泛地应用在电机行业、汽车工业、信息技术产业外，节能家电、节能电梯、变频空调、新能源汽车等多个和低碳相关的新兴节能领域对高性能钕铁硼的需求也在持续增长。表 6.2 总结了近几年钕铁硼永磁材料主要的应用领域及其优点。图 6.3 表示钕铁硼永磁材料下游消费结构图。

表 6.2　近几年钕铁硼材料主要应用领域

主要领域	主要应用	主要优点
新能源汽车	驱动电机	更高的驱动功率
风力发电	永磁直驱风机	采用全功率变流技术，具备较强无功补偿、低电压穿越能力，对电网冲击小，发电效率平均提高 5%~10%
节能环保空调	变频空调的压缩机	与定频空调相比，可节能 30% 以上，其寿命一般能达到 12~15 年
节能电梯	永磁同步曳引机	采取直接驱动的方式，总体能耗比传统异步曳引机降低 45%~60%

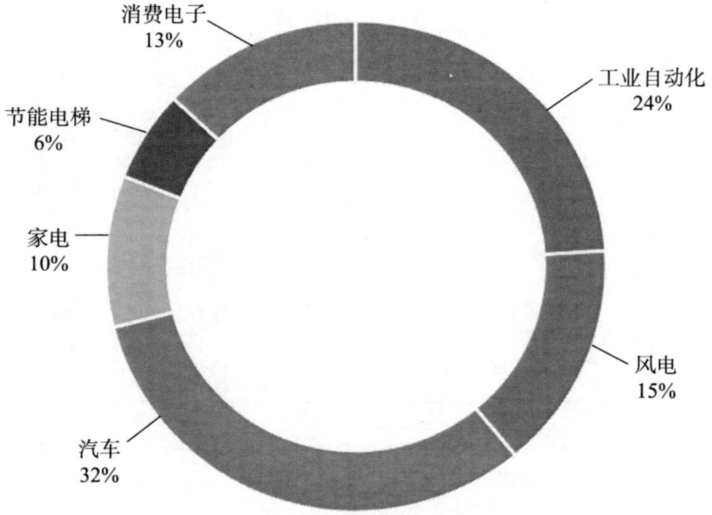

图 6.3　钕铁硼永磁材料下游消费结构图

据中国汽车工业协会统计，新能源汽车是钕铁硼永磁材料的主要应用领域，近年来新能源汽车的产销量分别呈持续增长的态势。图 6.4 显示，2010—2017 年，中国新能源汽车产量和销量都呈显著上升趋势。新能源汽车、混合动力汽车、轨道交通用稀土永磁高效电机的市场需求迅猛增长，将直接带动钕铁硼永磁材料产业的发展。《节能与新能源汽车产业发展规划（2012—2020 年）》计划在 2020 年新能源汽车产量达到 200 万辆，按每辆新能源汽车消耗钕铁硼永磁材料 3~5 千克计算，相较于 2016 年，新能源汽车消耗钕铁硼永磁材料将增加 4500~7500 吨。

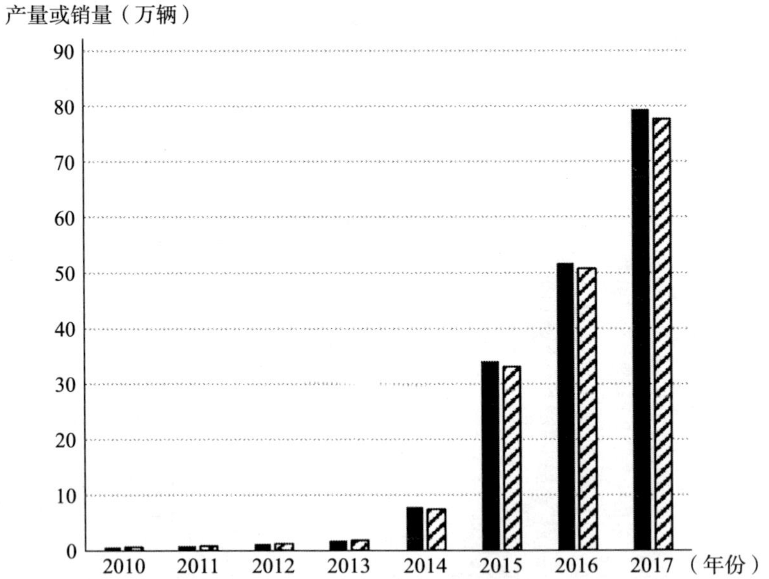

	2010	2011	2012	2013	2014	2015	2016	2017
■ 产量	0.72	0.84	1.26	1.75	7.85	34.05	51.7	79.4
◪ 销量	0.71	0.82	1.28	1.76	7.48	33.11	50.7	77.7

图 6.4　2010—2017 年我国新能源汽车产销量

据风电行业统计，2010—2016 年，我国已成为全球风力发电规模最大、增长最快的国家。图 6.5 显示，风电累计装机容量从 4473 万千瓦增长至 16873 万千瓦，年复合增长率为 52.00%，预期未来风电产业对钕铁硼永磁材料的需求也会成倍增加。

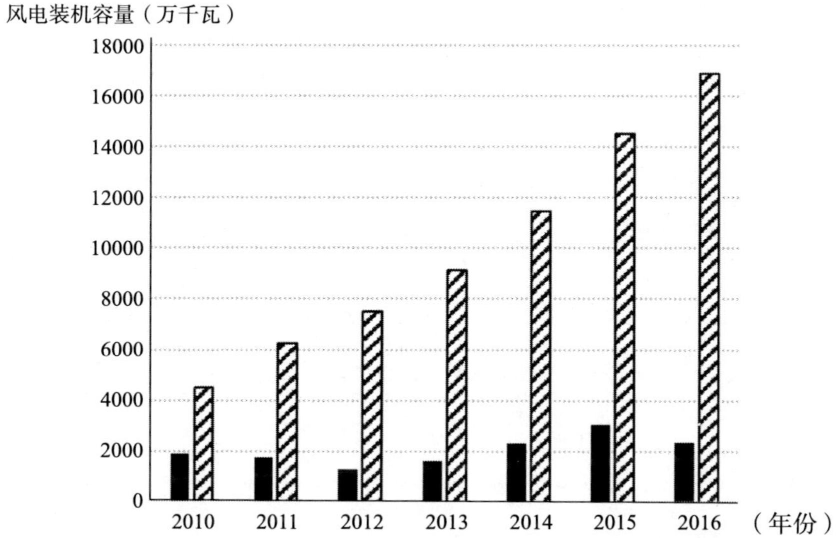

	2010	2011	2012	2013	2014	2015	2016
■新增装机	1893	1763	1296	1609	2320	3075	2337
◪累计装机	4473	6236	7532	9141	11461	14538	16873

图 6.5　2010—2016 年我国新增和累计风电装机容量

《风电发展“十三五”规划》提出，在“十三五”期间对风电建设的投资达到 7000 亿元，将重点建设沿海省区市的海上发电。到 2020 年年底，我国海上风电计划完成建设规模达到 10 吉瓦，保证风电发电量达到 4200

亿千瓦时，届时将占全国总发电量的6%。风力发电是绿色、环保产业，永磁材料是其规模化发展的关键性功能材料，对风电产业的发展起着重要作用。

交通和航天航空事业也是高性能钕铁硼永磁材料的应用领域。保守估计，2018年以后，我国将加速进入永磁轨道交通时代，由此带来的高性能钕铁硼永磁材料用于永磁轨道交通的消费量可达万吨，而现阶段高性能钕铁硼材料的产量不足5万吨，因此，未来轨道交通领域将对高性能钕铁硼材料行业的发展具有强烈的拉动作用。高性能钕铁硼永磁材料还运用在工业机器人中，其市场前景广阔。

现阶段，稀土永磁产业在中低端材料市场的竞争越来越激烈，磁性材料产业已进入优化升级调整期。永磁材料在未来的应用将朝着小型化、轻薄化、高性能化的方向发展，对材料性能、形状、适用的范围提出更高的要求。基于这样的市场环境，山西省要抓住机会，大力发展高端钕铁硼永磁产业，将山西省钕铁硼永磁产业做大做强。

3. 我国丰富的稀土资源是永磁产业发展的基础

我国稀土资源储量位居世界首位，作为世界上最大的稀土资源国，储量丰富且分布广，在内蒙古、江西、广东、四川、山东等地区都有分布，而且还具有元素种类多的优点。我国稀土矿主要有内蒙古包头市白云鄂博矿、四川冕宁矿和山东微山矿及南方风化淋积型稀土矿床，丰富的稀土资源为稀土材料产业的发展提供了坚实基础。

4. 山西战略性新兴产业为其提供有力支撑

2016年山西省发布的《山西省“十三五”战略性新兴产业发展规划》中提出大力发展先进装备制造、新材料、节能环保、新能源汽车、现代煤化工、信息产业、现代医药七大战略性新兴产业，其中新材料产业要以资源和技术优势为依托，推进新兴材料产业化发展，研发具有自主知识产权的高端材料。2014年，全省战略性新兴产业总产值占生产总值比重超过6%，战略性新兴产业中出现一批具有超强竞争力的龙头企业。山西省钕铁硼永磁材料产业的发展正面临着提升技术水平、壮大产业规模、完善相关配套产业、形成区域优势的艰巨任务，战略性新兴产业的发展规划及《山西省加快推进新材料产业发展实施方案》《“十三五”新型材料产业发展规划》等政策都为钕铁硼永磁材料产业发展提供了重要的政策保障和有力支撑。

山西作为中国的能源大省，在节能环保特别是空气污染治理方面压力较大。山西省经济信息委员会公布的《山西省汽车产业中长期发展规划》中提出要大力发展新能源汽车产业。新能源汽车的推广被定位为山西省整体产业转型升级中的关键一环，而钕铁硼永磁材料就是发展新能源汽车的关键材料。

6.1.4 山西永磁产业发展面临的问题

1. 自主创新能力欠缺

在材料性能、生产工艺、表面处理等方面，山西省企业通过独自研发，取得多项原创性的成果，如低失重、耐腐蚀、高一致性、低温度系数、优质镀层结合力等，促进了行业发展。但山西钕铁硼永磁材料企业除极个别企业（如汇镪磁材、中磁科技、金山磁材）生产高端钕铁硼永磁材料外，大部分企业生产的还是中低端产品。在科研方面，主要研究机构为中国电子科技集团公司第三十三研究所，省内其他核心科研队伍较少，同时人才流失也较为严重，科技人才队伍总量不足。2016 年，山西省研发经费投入总量为 132.6 亿元，研发经费投入强度（研发经费与生产总值的比值）为 1.02%，比全国平均水平低 1.09 个百分点，排全国第 20 位，山西省的研发投入强度与全国平均水平差距较大。科研队伍和经费投入的不足直接制约了钕铁硼永磁企业的自主创新能力。

2. 企业运转资金较少、不灵活

南方的企业在发展中会吸纳社会资本，合理的多样化融资方式帮助企业扩大规模。相对于南方企业，山西省永磁材料生产企业比较分散，基本都是以民间小企业的形式存在，规模小、运转资金少，主要还是以生产高能耗、低技术、低端产品为主。虽然山西省颁布了《山西省"十三五"战略性新兴产业发展规划》《山西省汽车产业中长期发展规划》《山西省加快推进新材料产业发展实施方案》《"十三五"新型材料产业发展规划》等政策，但在资金上的支持力度相比于其他战略性新兴产业还是较少。而且很多政策包括资金的支持政策，没有完全落实到位，大部分永磁材料生产企业得不到政府资金支持，享受不到政策的好处。

3. 产业集群层次较低，配套产业不完善

山西钕铁硼永磁材料产业集群层次较低，就产业组织来说，分布散、规模小，大部分都是中小型企业，没有上市企业。企业生产规模偏小、在技术和管理方面比较落后，相当一部分中小企业仍运用传统高能耗的生产技术进行粗放式生产，总体来说企业的经济效益不高。就产品结构来说，生产的大部分是中低档永磁材料产品，产品的自主创新程度低，自主知识产权、产品专利寥寥无几。就产业结构来说，产业链较短、较窄，在附加值高的环节发展都比较弱。

6.2　基于综合因素视角的永磁产业竞争力评价研究

本节结合产业竞争力理论及相关评价指标体系，设计了山西省永磁产业竞争力评价指标体系。并收集山西省永磁产业相关数据，选取灰色关联度的方法，从环境支持竞争力、产业支持竞争力、技术创新竞争力三个层面，对山西省永磁产业竞争力进行实证评价分析。

6.2.1　山西省永磁产业竞争力评价指标选取

2008—2016 年，山西省永磁产业经历了 2008—2011 年的上升期以及 2011—2012 年的收缩期，直到 2018 年开始呈现出良好的发展趋势。永磁

产业影响因素的选取，既要考虑永磁产业的特征，又要结合国家层面和山西省层面的产业基础及政策环境。本节依据产业竞争力理论，对永磁产业竞争力评价指标进行选取。

永磁产业不同于其他传统产业，属于战略性新兴产业，具有技术密集和资金密集等特征。因此将指标体系分为目标层、准则层和指标层，其中一级指标层分为产业支持竞争力、环境支持竞争力、技术创新竞争力三项，二级指标分为九项，主要包括从业人员年平均数（个）、工业销售值（亿）、企业数量（个）、政府研发投入比（%）、普通高等学校数（所）、第三产业所占比例（%）、专利数（个）、R&D 经费（亿）、R&D 人员量（个）。指标体系如表 6.3 所示，下文的分析数据来源于《山西省统计年鉴（2010—2016）》、《中国高技术产业统计年鉴（2010—2016）》、战略性新兴产业专利统计分析报告（2010—2016）、山西磁材联盟数据统计。

表 6.3　山西省永磁产业竞争力评价指标

目标层	准则层	指标层
山西省永磁产业竞争力评价	环境支持竞争力	普通高等学校数（所）
		政府研发投入比（%）
		第三产业所占比例（%）
	产业支持竞争力	工业销售值（亿元）
		从业人员年平均数（人）
		企业数量（个）
	技术创新竞争力	专利数（个）
		R&D 经费（亿元）
		R&D 人员量（个）

6.2.2　测度方法选择

灰色关联分析是一种多因素统计方法，通过定量描述和比较分析显示一个系统的动态演化过程。关联度是两个系统中各个因素在时间变化过程中呈现出的一致性、同步性的程度。在两个系统的发展变化过程中，如果两个系统因素的变化趋势同步性程度较高，可以说两者之间的相关程度较高；相反如果两个系统因素同步变化的程度较低，两者的关联度就较低。

（1）使用 6.1.2 小节计算出的山西省永磁产业区位熵数值作为参考序列，$Y=\{Y(k)|k=1，2，\cdots，8\}$，将影响因素指标体系中的 9 个二级指标作为比较序列，$X=\{X(k)|k=1，2，\cdots，8\}$，$i=1，2，\cdots，9$。

（2）对参考数列和比较数列进行标准化处理

$$X_i'(k)=\frac{X_i(k)}{X_i(1)} \tag{6-1}$$

$$Y'(k)=\frac{Y(k)}{Y(1)} \tag{6-2}$$

（3）计算各参考数列和比较数列在同一年份的绝对差，计算公式如下：

$$\Delta i(k)=|Y'(k)-X_i'(k)| \tag{6-3}$$

从 Δi 的值中找出每一年份绝对差最小值$\Delta_{\min}$和绝对差最大值$\Delta_{\max}$。

（4）计算 $Y'(k)$ 与 $X_i'(k)$ 的关联度系数 ξi（X_i），计算公式如下：

$$\xi i(k)=\frac{\Delta_{\min}+\rho\Delta_{\max}}{\Delta_{it}+\rho\Delta_{\max}} \tag{6-4}$$

ρ 的取值一般为 0.5。

（5）山西省永磁产业区位熵与各影响因素指标之间的关联度计算

$$\gamma_i = \frac{\sum_{k=1}^{8} \xi_i(K)}{n} \tag{6-5}$$

6.2.3 山西永磁产业竞争力评价结果分析

依据灰色关联度计算方法，得出山西省永磁产业区位熵与各评价指标之间的关联度值如表 6.4 所示。表中数值越大，说明两者之间的变动趋势越接近，同步变化程度较高，两者之间的关系越密切。

表 6.4 关联度系数表

评价指标	2010 年	2011 年	2012 年	2013 年	2014 年	2015 年	2016 年
从业人员年平均数（人）	0.9592	0.9811	0.9831	0.9836	0.9866	0.9849	6.8785
工业销售值（亿元）	0.9877	0.9486	0.9510	0.9577	0.9688	0.9813	6.7952
企业数量（家）	0.9592	0.9693	0.9713	0.9945	0.9874	0.9935	6.8753
政府研发投入比（%）	0.9611	0.9609	0.9538	0.9568	0.9598	0.9779	6.7704
普通高等学校数（所）	0.9602	0.9661	0.9651	0.9645	0.9501	0.9663	6.7723
第三产业所占比例（%）	0.9561	0.9653	0.9638	0.9577	0.9367	0.9484	6.7281
专利数（件）	0.9720	0.9322	0.9119	0.8792	0.8521	0.8338	6.3813
R&D 经费（亿元）	0.9874	0.9236	0.6714	0.6611	0.7855	0.3333	5.3624
R&D 人员量（人）	0.9866	0.9391	0.8071	0.8214	0.8828	0.5885	6.0255

一般认为，当 ρ=0.5 时，关联度值在 0.6 以上为关系密切。表 6.5 显示，所选取的 9 个二级指标与区位熵的关联度都大于 0.6。在 9 个二级指标中，从业人员年平均数与区位熵的关联度达到 0.9826，表明现阶段山西省永磁产业竞争力与从业人员关联度较大。企业数量（亿元）、工业销售值（亿元）分别排名第二、第三位，关联度排名前三位的二级指标都属于产业支持竞争力指标，表明山西省永磁产业支持竞争力与产业发展趋势一致度较高。也表明山西省永磁产业还处在低水平层次，影响最大的产业支持竞争力主要受劳动力、企业数量等基础性影响因素制约。

表 6.5　山西省永磁产业竞争力灰色关联度分析结果

一级指标	二级指标	关联度	排序	关联度	排序
环境支持竞争力	政府研发投入比（%）	0.9672	5	0.9653	2
	普通高等学校数（所）	0.9675	4		
	第三产业所占比例（%）	0.9612	6		
产业支持竞争力	从业人员年平均数（人）	0.9826	1	0.9785	1
	工业销售值（亿元）	0.9707	3		
	企业数量（家）	0.9822	2		
技术创新竞争力	专利数（件）	0.9116	7	0.8462	3
	R&D 经费（亿元）	0.7661	9		
	R&D 人员量（人）	0.8608	8		

R&D 投入经费关联度为 0.7661，R&D 人员量关联度为 0.8608，专利数关联度为 0.9116，R&D 投入经费与区位熵的关联度排名最后，在山

西省永磁产业发展过程中一致性较低。表明在山西省永磁产业发展过程中，专利数、R&D 经费（亿元）、R&D 人员量三个技术创新竞争力指标，在山西省永磁产业竞争力的发展中发挥的作用较低。

从一级指标来看，山西省永磁产业区位熵与三个一级指标的关联度从高到低依次为：产业支持竞争力、环境支持竞争力、技术创新竞争力。这说明在山西省永磁产业的发展过程中产业支持与产业发展同步性较高，而技术创新水平与永磁产业竞争力发展的关联度、同步性较低，表明技术创新对永磁产业的发展贡献还不是特别大，未能发挥出应有的作用。因此，山西省永磁产业发展要更加重视技术创新，继续加大技术创新的投入力度。

本节构建了山西省永磁产业竞争力评价指标体系，利用关联度分析方法得出，一级指标中与山西省永磁产业区位熵关联密切程度依次为：产业支持竞争力关联度 0.9785、环境支持竞争力关联度 0.9653、技术创新竞争关联度 0.8462。二级指标中政府研发投入比关联度为 0.9672，普通高等学校数关联度为 0.9675，第三产业所占比例关联度为 0.9612，从业人员年平均数关联度为 0.9826，工业销售值关联度为 0.9707，企业数量关联度为 0.9822，专利数关联度为 0.9116，R&D 经费关联度为 0.7661，R&D 人员量关联度为 0.8608。实证表明在山西省永磁产业的发展过程中产业支持占首要地位，同时也充分显示了现阶段技术创新水平对于产业竞争力的贡献还不是特别大，未能发挥出其应有的作用。山西省永磁产业要取得更大的进步，在技术创新支持方面一定要加以重视。

6.3　基于技术创新视角的永磁生产基地竞争力对比评价

本节基于技术创新视角，对山西省与全国主要永磁生产基地的竞争力进行了对比评价。通过设计技术创新能力指标体系，收集包括山西省在内的国内 8 个主要永磁生产基地产业数据；选取熵权法、TOPSIS 法为实证分析的主要方法。从技术创新综合能力、技术创新能力投入、技术创新能力产出三个方面对山西省及国内 7 个主要永磁生产基地技术创新能力进行对比分析。

6.3.1　技术创新评价指标选取及数据来源

6.2 中运用灰色关联分析方法对山西省永磁产业竞争力进行纵向评价，经过实证分析，结果表明山西省永磁产业在产业支持竞争力上与区位熵联系密切，发展的一致性较高，而在技术创新支持上与区位熵关联度较弱。本节根据文献中关于技术创新能力评价的指标体系，结合数据的可获得性，采用胡海波对高技术产业技术创新能力评价指标体系的二分法构建指标体系。如表 6.6 所示，主要分为创新投入、创新产出 2 个主要因素以及 7 个细化指标（R&D 研发经费内部支出、政府资金、新产品开发经费支出、R&D 投入人员、拥有发明专利数、专利申请数、新产品销售收入）。

表 6.6 全国主要永磁生产基地竞争力对比评价指标体系

	一级指标	二级指标
基于技术创新视角山西与全国主要永磁生产基地竞争力对比评价	创新投入	R&D 研发经费内部支出
		政府资金
		新产品开发经费支出
		R&D 投入人员
	创新产出	拥有发明专利数
		申请专利数
		新产品销售收入

在样本城市选取上，根据各省永磁产业在全国的发展程度，我们选取了 8 个在全国发展排名靠前的省区市分别是北京、山西、内蒙古、浙江、江西、山东、广东、四川。所使用的数据源自 2014 年《中国高技术产业统计年鉴》和《中国科技统计年鉴》，战略性新兴产业专利统计分析报告（2014 年）、山西磁材联盟数据统计及相关网站统计数据的汇总。运用 TOPSIS 分析法对山西省永磁产业技术创新能力与其他 7 个省市区进行横向比较，剖析山西省在提升永磁产业技术创新能力方面的优势和劣势。矩阵标准化计算结果如表 6.7 所示。

表 6.7 矩阵标准化结果

省区市	R&D 研发经费内部支出	政府资金	新产品开发经费支出	R&D 人员	拥有发明专利数	申请专利数	新产品销售收入
北京	0.0636	0.6575	0.0555	0.0529	1.0000	0.7969	0.0737
山西	0.0016	0.0000	0.0000	0.0102	0.0750	0.0281	0.0000

续表

省区市	R&D 研发经费内部支出	政府资金	新产品开发经费支出	R&D 人员	拥有发明专利数	申请专利数	新产品销售收入
内蒙古	0.0000	0.0072	0.0014	0.0000	0.0000	0.0000	0.0018
浙江	0.1672	0.1058	0.1378	0.2216	0.5136	0.5139	0.1471
江西	0.0189	0.0142	0.0238	0.0449	0.0649	0.0403	0.0200
山东	0.0908	0.0868	0.0633	0.0979	0.4492	1.0000	0.0628
广东	1.0000	1.0000	1.0000	1.0000	0.6588	0.7444	1.0000
四川	0.0675	0.2205	0.0118	0.0957	0.2279	0.2086	0.0094

6.3.2　TOPSIS 过程分析

TOPSIS 方法被称为近似理想点排序方法，是一种常用的多目标决策方法，又称优劣解距离法。其原理是：根据多个评价对象接近最优解、远离最差解的程度，最接近最优解、远离最差解的评价对象为最优，根据此标准进行评价排序。

（1）构建评价矩阵。收集永磁产业创新评价研究中 8 个省区市的 7 个具体指标数据，得到原始数据矩阵 $x=(x_{ij})\ 8\times 7$，（$i=1, 2, \cdots, 8, j=1, 2, \cdots, 7$）。

（2）矩阵标准化。在评价矩阵中分别找出每一列（x_j）的最大值和最小值，然后，利用标准化公式，对矩（x_{ij}）8×7 进行标准化处理，得到标准化数值 r_{ij}（$i=1, 2, \cdots, 8, j=1, 2, \cdots, 7$），并得到标准化矩阵 $R=(x_{ij})\ 8\times 7$。因此，“最优解” r_j max 的值为 $r+j=1$；“最劣解” $r-j=0$。

（3）权重确定方法。

用熵权法确定指标权重 W_j：

首先，收集原始数据。通过收集数据，形成一个 m 个样本、n 个指标的 $m\times n$ 矩阵。如式（6-6）所示：

$$X=\begin{bmatrix} X_{11} & X_{12} & \cdots & X_{1n} \\ X_{21} & X_{22} & \cdots & X_{2n} \\ \vdots & \vdots & \ddots & \vdots \\ X_{m1} & X_{m2} & \cdots & X_{mn} \end{bmatrix} \tag{6-6}$$

其中 x_{ij} 表示第 i 个样本第 j 个评价指标的数值。随后对原始数据进行标准化处理，由于各个指标存在量纲和数量级的差异，因此为了消除异质性指标对评价结果造成的影响，我们对各项指标进行了标准化的处理。其中不同方向的指标，计算的方法不同。

正向指标：

$$y_{ij}=\frac{x_{ij}-\min x_{ij}}{\max x_{ij}-\min x_{ij}} \tag{6-7}$$

负向指标：

$$y_{ij}=\frac{\max x_{ij}-x_{ij}}{\max x_{ij}-\min x_{ij}} \tag{6-8}$$

其中 y_{ij} 表示第 i 年的第 j 个指标的数值（i=1，2，…，n；j=1，2，…，m）。

然后，计算指标比重。计算第 j 项指标下的第 i 个年份占该指标的比重：

$$p_{ij} = \frac{X_{ij}}{\sum_{i=1}^{n} X_{ij}} \tag{6-9}$$

其中 i=1，2，…，n；j=1，2，…，m。

计算指标信息熵值：

$$e_j = -k \sum_{i=1}^{n} p_{ij} \ln(p_{ij}) \tag{6-10}$$

其中 $k>0$，$k = \frac{1}{\ln(n)}$，$e_j \geqslant 0$

计算差异性系数值：

$$g_i = 1 - e_j \tag{6-11}$$

最后得出权值：

$$w_j = \frac{g_j}{\sum_{j=1}^{m} g_j} \tag{6-12}$$

（4）计算每个评价指标实际值与最优解 $r+j$ 和最劣解 $r-j$ 的欧式距离：

$$d_i^+ = \sqrt{\sum_{j=1}^{7} w_j \times \left(r_{ij} - r_j^+\right)^2} \tag{6-13}$$

$$d_i^- = \sqrt{\sum_{j=1}^{7} w_j \times \left(r_{ij} - r_j^-\right)^2} \tag{6-14}$$

（5）计算第 i 个评价对象与最优方案的相对贴近度 C_i：

$$C_i = d_i^- / \left(d_i^- + d_i^+\right)\left(i = 1, 2, \cdots, 8\right) \tag{6-15}$$

根据式（6-15）中计算 C_i 值，范围在 0~1 之间，C_i 越大，表明 i 地区的永磁产业技术创新能力越强。C_i 越小，表明 i 地区的永磁产业技术创新能力越弱。

6.3.3 TOPSIS 结果分析

矩阵标准化计算结果如表 6.8 所示。

表 6.8 矩阵标准化结果

省区市	R&D 研发经费内部支出	政府资金	新产品开发经费支出	R&D 人员	拥有发明专利数	申请专利数	新产品销售收入
北京	0.0636	0.6575	0.0555	0.0529	1.0000	0.7969	0.0737
山西	0.0016	0.0000	0.0000	0.0102	0.0750	0.0281	0.0000
内蒙古	0.0000	0.0072	0.0014	0.0000	0.0000	0.0000	0.0018
浙江	0.1672	0.1058	0.1378	0.2216	0.5136	0.5139	0.1471
江西	0.0189	0.0142	0.0238	0.0449	0.0649	0.0403	0.0200
山东	0.0908	0.0868	0.0633	0.0979	0.4492	1.0000	0.0628
广东	1.0000	1.0000	1.0000	1.0000	0.6588	0.7444	1.0000
四川	0.0675	0.2205	0.0118	0.0957	0.2279	0.2086	0.0094

利用熵权法计算一级指标、二级指标的权重。熵权法作为一种客观赋权法，是对不确定性的一种度量，通过对各指标信息量进行综合分析的一种综合指标计算方法。采用上节中的公式计算一级指标、二级指标的总体权重，权重计算结果如表 6.9 所示。

表 6.9　基于熵值法的评价指标体系权重表

	一级指标	二级指标	二级指标权重
基于技术创新视角山西与全国主要永磁生产基地竞争力对比评价	创新投入	R&D 研发经费内部支出	0.1726
		政府资金	0.1290
		新产品开发经费支出	0.2020
		R&D 人员	0.1501
	创新产出	拥有发明专利数	0.0688
		申请专利数	0.0794
		新产品销售收入	0.1981

利用最优解、最劣解数值，根据式（6-13）、式（6-14），计算每个评价对象的指标实际值与最优解 $r+j$ 和最劣解 $r-j$ 的欧式距离，结果如表 6.10 所示。

表 6.10　欧氏距离

最优解	最劣解
0.8091	0.4217
0.9910	0.0216
0.9984	0.0028
0.8019	0.2467
0.9718	0.0317
0.8628	0.3142
0.1149	0.9621

根据公式（6-16）计算每个指标与最优方案的相对贴近度，结果如表 6.11 所示。

表 6.11 山西与全国主要永磁生产基地技术创新能力贴近度

省区市	贴近度
北京	0.342603854
山西	0.02130404
内蒙古	0.002790995
浙江	0.235298371
江西	0.031568997
山东	0.266939696
广东	0.893315628
四川	0.120022339

通过 TOPSIS 分析法进行多目标评价分析，得到包括山西省在内的 8 个省区市关于永磁产业技术创新综合能力和技术创新投入、技术创新产出的科学评价。表 6.11 是山西与全国主要永磁生产基地技术创新能力贴近度结果，由表可见，广东的技术创新能力贴近度约为 0.8933，排名第一位，山西的技术创新能力贴近度约为 0.0213，排名居后。全国主要永磁生产基地技术创新能力贴近度相差很大，表明永磁生产基地技术创新能力的发展不平衡。

将全国主要永磁生产基地技术创新能力贴近度进行排序，见图 6.6。技术创新能力强的省区市主要包括广东、北京、浙江、山东，主要集中分布于东部沿海地区。北京市、广东省属于一线地区，全国人才及高等学府的聚集地，拥有中国科学院等众多科研院所，浙江省也建立了中国科学院宁波材料技术与工程研究所、国家磁性材料重点实验室等众多专业科研院所，并且科研资金投入力度大。山东省属于东部沿海地区，交通便利，技术创新能力也相对较强。北京及南方省区市的永磁企业，融资方式采用的是大资本融资，对技术研发、人才引进投入的资金相对较多，因此这些省区市的永磁产业在产业链延伸上发展得更好，配套产业也相对完善。相比而言，山西省“211”“985”理工院所少，专业科研院所仅有中国电子科技集团公司第三十三研究所。永磁产业大部分企业属于小型企业、分布也比较散，目前还没有上市企业。永磁产业链较窄、较短，精加工企业较少，产品多处在产业链的中低端。通过上述分析可知，低创新力主要由于政府和企业对技术创新的研发投入和人员支持力度不够所致。

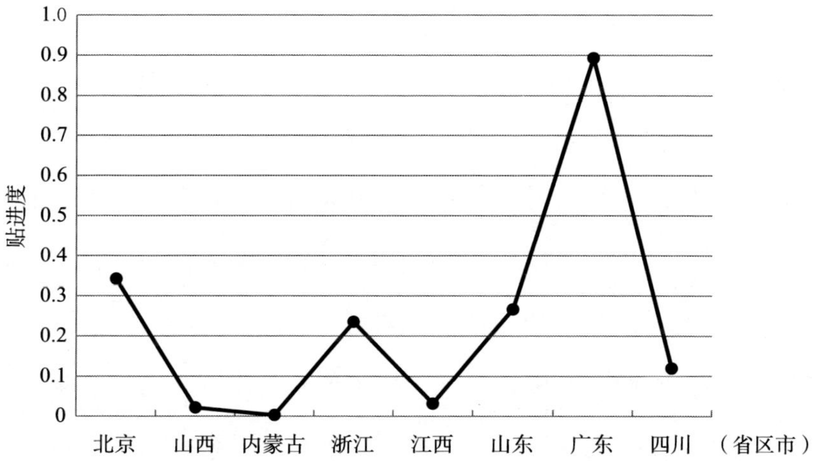

图 6.6　全国主要永磁生产基地技术创新能力贴近度

图 6.6 可以直观反映出，广东、北京、山东、浙江的技术创新的综合能力较强、排名靠前，山西、内蒙古技术创新综合能力较低，排名居后。总体来看，主要永磁生产基地技术创新能力发展不均衡。

表 6.12　全国主要永磁生产基地技术创新能力 TOPSIS 评价排序

省区市	技术创新综合能力	投入能力	产出能力
广东	1	1	1
北京	2	2	2
山东	3	5	3
浙江	4	3	4
四川	5	4	5
江西	6	6	6
山西	7	7	7
内蒙古	8	8	8

从表 6.12 可以看出，8 个主要永磁生产基地的技术创新综合能力的排名，与各自的技术创新投入能力、技术创新产出能力排名基本相符。广东省在技术创新综合能力、技术创新投入能力、技术创新产出能力均排第一；山西省在技术创新综合能力、技术创新投入能力、技术创新产出能力均排第七。山东永磁生产基地在技术创新综合能力上排名第三，但在技术创新投入能力上排名第五，技术创新产出能力上排名第三；浙江永磁生产基地在技术创新综合能力上排名第四，在技术创新投入能力上排名第三，技术创新产出能力上排名第四；四川永磁生产基地在技术

创新综合能力上排名第五，但在技术创新投入能力上排名第四，技术创新产出能力上排名第五；山东、浙江、四川永磁生产基地在技术创新综合能力与技术创新投入能力、技术创新产出能力排名虽然不完全一致，但差别不是很大。

本节在技术创新因素视角下，对比分析了山西省与全国主要永磁生产基地的技术创新能力，利用 TOPSIS 分析法得到包括山西省在内的 8 个省区市永磁产业技术创新综合能力和技术创新投入、技术创新产出的排名。得出全国主要永磁产业生产基地技术创新综合能力的贴近度，分别为：北京 0.3426、山西 0.0213、内蒙古 0.0028、浙江 0.2353、江西 0.0316、山东 0.2669、广东 0.8933、四川 0.1200。数据显示，广东、北京、山东、浙江的技术创新综合能力较强、排名靠前，山西、内蒙古技术创新综合能力低，排名居后。实证结果表明，提升技术创新能力是提升山西省永磁产业竞争力的关键。

6.4　提升山西省永磁产业竞争力的对策分析

由前两节的实证分析得出，山西省永磁产业在技术创新方面表现较弱，对山西省永磁产业发展的贡献度不高。笔者基于以上的分析结果，提出提升山西省永磁产业整体竞争力的对策。

6.4.1 深化促进“产学研”合作创新

依托山西省新材料工程技术研究中心、中电第二研究所、中电三十三研究所、太原理工大学、山西大学、中北大学、山西省化工设计院、新材料重点实验室和研究中心等一批从事新材料研究且具有较强实力的科研院所，联合国家级高新技术永磁企业，加上政府的政策性支持，形成“产学研”合作创新的良好局面。

鼓励构建高质量的永磁产业产学研平台、产业技术联盟，让平台在三者之间发挥好协调作用，促进高校、科研机构与企业联合开发新技术、新产品，加快科研成果转化速度，分担企业的技术开发风险，避免科研方向与社会需求的脱节。充分利用全国稀土永磁行业的社会资源，以项目为载体，通过委托开发、联合开发、技术咨询等形式，与国内外一流研究机构、顶级团队合作。在合作中，要制定有效的联盟合作创新收益分配协议，引导稀土企业联盟成员之间合作创新收益的共享，保证联盟的持续健康运行。

6.4.2 增强高科技及核心技术的研发

政府要不断加大 R&D 经费投入力度，完善产品技术标准，鼓励良性的市场竞争。企业要增强自主创新能力，坚持引进、消化吸收与自主创新相结合。首先要加强基础性技术开发，保持山西省永磁产业持续发展的潜力；然后抓住科技的发展方向，推动中磁科技对低稀土含量高性能永磁材料产品的开发。加大对高端技术的投入，吸收世界先进技术成果，逐步做到对关键核心技术的掌握，开发高端钕铁硼永磁材料，增加高端产品市场占有率。同时要注重需求引领，把市场需求作为拉动永磁产业发展壮大的重要力量。

加快成果转化，培育和带动电子信息、节能环保、新能源汽车等永磁材料消费市场，开发新的产品市场，激发市场活力。结合目前的发展现状，钕铁硼永磁材料产业的创新发展有两个方向。第一，就是继续做大做强钕铁硼材料，钕铁硼永磁材料已经发展了三十多年，暂时没有可替代产品，因此还是要以降低成本、取得更高的利用率为目标，大力发展高性能钕铁硼永磁材料。或者可以将高丰度且价格低廉、资源丰富的镧、铈、钇这些元素运用到钕铁硼材料的生产中，这些材料的价格只有稀土钕的十分之一或者几分之一，在这方面已经取得了较好的研究成果。第二，就是探索下一代具有完美比例的磁能积和矫顽力的永磁材料，如异质纳米材料。但是，鉴于中国稀土资源丰富的现实，利用当下的竞争优势，前期研究还是要以降低稀土生产材料的成本为主，后期可以逐渐开发无稀土磁体。

6.4.3　注重专利发明与保护

根据国家知识产权局规划发展司发布的《战略性新兴产业专利技术

动向分析总体报告》，1995—2013 年，中国新材料产业专利技术申请量年均增长率为 18.33%，其中，1995—2010 年为 17.80%，2011—2013 年为 21.00%，专利技术年均增长率有较大的提升，在产业生命周期中处于导入期，发展前景较好。因此，企业在增强自主创新能力时，要注重对专利的发明与保护。具体措施如下：第一，政府颁布专利发明奖励政策，增强专利发明者研发动力；第二，增加专利发明的申请数量。鼓励永磁企业、研发机构或个人研发具有自主知识产权的新技术和新产品，增加专利发明的申请数量及有效发明数。

6.4.4 企业销售渠道的创新

山西省永磁产业在产品销售方面发展不足，利用互联网平台较少。山西磁材联盟已经联系了绝大部分山西永磁企业，可以通过建立大数据平台，建立 O2O 线上与线下相结合的商业模式，同时企业也可利用网络平台进行销售与运作。因此，山西省永磁企业也要在创新商业模式上下功夫，利用电子商务、网络平台进行网络营销，加大市场营销力度，稳固老客户黏度的同时，积极开发新的产品应用领域，不断扩大市场影响力，为企业持续健康发展提供动力，进而提高山西省永磁产业竞争力。

6.4.5　加大资金支持，优化投融资体系

永磁产业的发展需要政府全方位支持以及各项政策措施之间的相互配合和协调。一方面，政府可以从宏观上制定产业发展规划和产业扶持政策，重点支持太原、运城两大钕铁硼永磁材料产业基地建设；加大试点政策支持，开展永磁材料产品应用风险补偿机制试点，推广永磁材料在各个领域的应用。另一方面，在资金上给予大力支持。首先，要成立专项资金，在扩大产业规模、新建永磁项目、研发技术等方面适当拨款，经费配置应遵循“精准”而非“平均”的原则,把经费用到最需要的地方。设立永磁材料技术研发专项资金，包括项目研发补助、核心技术的研发经费投入等。企业通过科研成果获取收益，然后再投入到新一轮的技术创新中，通过良好的“投入—收益—再投入”循环来推动整个山西省永磁产业的发展。其次，要建立健全财税长效支持机制。可参考内蒙古在发展永磁产业上的做法，在土地使用、生产上发放政策性补贴以及税收方面的优惠政策。形成完善的激励补偿机制，发挥好科学引导作用。同时要营造良好的投资环境，保证支持永磁产业发展的相关政策的连贯性和长期性。

6.4.6　加强研发人才队伍的建设

“十三五”规划以来，山西省发布了《关于印发〈山西“百人计划”

专家服务与管理办法〉的通知》《海外高层次人才引进计划实施意见》等人才引进政策，具体到新材料、战略性新兴产业领域，也有相应的优惠政策。这些政策对山西省扩大人才规模和优化人才结构具有重要的现实意义，但由于其地理位置、经济环境等原因，山西省吸引人才的能力相对弱、人才流失严重，永磁产业研究与开发的相关人才相对更少。

因此，要继续加大引进人才的力度，同时要注重对高新技术人才的培养。培育钕铁硼永磁材料核心研发队伍，建立钕铁硼永磁材料研究中心，通过三方合作提高创新能力。建立健全科技人才评价办法，做好高新技术产业人才储备。依托产学研或企业产品项目等重大科研项目聘请专家、院士等高层次人才参与研发。实现区域内外创新人才的柔性流动和空间集聚，相互配合、协同发展，发挥出“1+1>2”的协同创新效应。

6.4.7 综合提高产业集群水平

依托山西磁材联盟，发挥山西省磁性龙头企业的带头作用，共享市场渠道、共担风险。着力解决中小企业在技术研发、产品生产、人员管理等方面的问题。依托太原、运城两大钕铁硼永磁材料产业基地，扩建产业技术园区，建立相关配套的精加工企业，把产业的内涵和外延做深、做透。与节能环保、新能源汽车等下游产业达成合作机制，鼓励山西省企业在新能源产业、铁路装备等下游制造业优先选用本土钕铁硼永磁材料。

开展全方位、多层次、高水平的国内外合作，提高产业链附加值，加快产业链向高端延伸，增强山西永磁产业集群竞争优势。发挥太原高新技术开发区等经济开发区的带头作用，加大对永磁材料生产项目的宣传力度，不断吸引行业内优质企业洽谈合作。采取“龙头企业拉动、配套企业跟进、产业集群发展”的产业链招商思路，引进和发展上下游配套项目，打造功能齐全的钕铁硼产业链。通过“滚雪球”式集聚效应，形成特色鲜明、具有竞争力的产业集群。

6.4.8　发展循环经济

随着稀土价格的上涨，钕铁硼成本必然提高，很多企业会面临亏损风险。技术创新意味着对材料的高效利用，不仅是在生产过程中要高效利用，也包括了对材料的回收利用。现在永磁产业的发展还是依靠稀土原材料来生产永磁功能性材料，寻找完全能替代稀土的材料暂时是不可能的。因此，当前世界各国都面临着节约原材料或提高原材料利用率的问题，更多关注的是对稀土原材料的回收利用。在回收利用方面，许多国家正在积极研究相关技术，例如，从废旧电机中回收利用稀土原材料，从玻璃中回收利用稀土原材料等。我国的永磁龙头企业、材料研究所也要在回收利用方面不断创新。

发展循环经济不仅要回收利用在生产过程中产生的块状废料和油泥废料，还要回收利用报废产品，这样可以大大降低企业生产成本。钕铁硼企业应注重钕铁硼永磁二次资源的回收与高效再利用，增加对钕铁硼资源回收利用项目的投入，提高并规范钕铁硼废料回收再利用的技术。

6.5 本章小结

首先，从外部环境因素中的支持条件和内部驱动因素中的基础条件两个方面，总结了永磁产业竞争力的内涵。通过研究山西省永磁产业集聚度、市场集中度，分析了山西省永磁产业发展的机遇及其所面临的问题，并构建了山西省永磁产业竞争力评价指标体系。

其次，利用灰色关联度分析法计算山西永磁产业竞争力评价指数与区位熵的关联度，结果显示技术创新能力关联系数较低；运用 TOPSIS 分析法对北京、山西、浙江等 8 个主要永磁产业生产省区市的技术创新能力进行比较研究，实证研究结果同样显示山西省永磁产业竞争力在技术创新能力方面排名靠后。据此，本章提出通过提高山西省永磁产业技术创新能力，进而增强永磁产业整体竞争力的相关建议与对策。以期能对山西省转变经济发展方式、寻找可替代产业、实现产业转型提供启示与借鉴。

第7章　山西省产业转型与发展的基础保障——高等学校的协同创新

山西省经济发展一直以来依赖于要素投入增长，但是伴随着土地供需、煤炭形势变化、生态环境约束，山西省经济发展的驱动力由生产要素大规模投入转向创新驱动。要大力发展战略性新兴产业，就必须依靠科技创新来实现动力转换。而高校作为知识创新、技术创新的重要主体，承担着培养创新人才、开展科学研究、支撑区域经济社会发展的重要职能，对山西省实施创新驱动发展战略起着非常重要的作用。在传统创新理念和内部体制机制壁垒的影响下，高校采取的大多是封闭式创新，与企业、科研院所等创新主体间的联系不够紧密。这种创新模式很大程度上导致了教育链、人才链与创新链、产业链的断接。随着区域经济社会发展与产业转型升级对创新知识、创新人才等创新要素的需求不断加大，高校传统的创新模式已不适应新时代对创新的要求。

产学研协同创新作为整合优化企业、高校、科研院所等创新主体间的创新资源和要素的重要载体，已成为高校服务区域经济社会发展、助力产业转型升级的必然路径。本章以山西省高校为例，对其协同创新能力进行了研究，以期能为该能力的有效提升提供理论支撑和政策建议。

7.1 高校协同创新与产业转型升级的关系

一个地区的产业转型升级关键是要摆脱过去对于资源、资金等传统生产要素的依赖，转入主要依靠先进技术和高科技人才等创新要素驱动的轨道。协同创新是一种高效率的创新模式，通过多元主体即高校、企业、政府和科研机构之间的协同，整合各自的优势资源，提高各创新主体的运作效率。高校、企业、科研机构通过产学研合作平台、科技金融中介机构的辅助服务来加强沟通，以实现最优创新要素组合和网络化运行。政府通过加快落实产业化项目资金、提升区域内教育质量和教育水平、促进国家级高新区建设等途径，营造一个有利于开展协同创新的健康良好的环境氛围。

协同创新为产业转型提供了强有力的支撑，使区域内的创新资源、创新要素、创新成果得到整合优化、高效配置，更好地促进产业转型升级。产业转型升级的目的是不断提高核心竞争力，主要表现在新技术和新产品不断增加、产业结构不断优化、产品质量和效益不断提升、绿色化水平不断提高等方面。产业转型升级依靠创新驱动，在这个过程中会不断提高对创新的要求，进一步推动多元创新主体间的创新合作，各创新主体只有深度强化彼此间的合作才能满足产业升级的需求。因此，产业转型升级对高校、企业、科研院所的协同创新提出了新要求，要求三者在创新活动中要加强彼此间技术、人才、信息、资金等创新要素和创新资源的交流，可以说产业转型升级带动了协同创新的发展。

7.1.1 高校协同创新实施现状

在长期推进产学研合作的基础上，我国逐渐将产学研协同创新提升到国家战略的高度。2012年，教育部和财政部联合出台制订了高等学校创新能力提升计划（简称“2011计划”）的意见和具体实施方案，旨在推动高校建立协同创新中心，加强与企业、科研院所的合作力度，该计划有效促进了高校科学研究与社会需求和实践应用的实时对接。习近平总书记在党的十九大报告中也特别指出，深化产教融合、加强高校与企业深度合作，加快一流大学和一流学科建设，实现高等教育内涵式发展。

高校协同创新的路径包括内部协同创新与外部协同创新，两者在各自有序发展的基础上不断实现创新资源和要素的整合、优化，在相互促进、相互融合的过程中逐渐形成一个统一整体共同促进高校协同创新的实现。但在传统创新理念和内部体制机制壁垒的影响下，高校采取的大多是封闭式线性创新模式。一方面高校内部没有形成协同创新的氛围，各学科、各专业之间单兵作战的局面较为普遍，交叉融合程度尚浅；另一方面，高校参与外部协同创新动力不足，与其他高校、企业、科研院所等创新主体间的合作联系不够紧密。因此，在鼓励高校积极开展协同创新的背景下，分析高校内部协同创新与外部协同创新的协同机理与协同效果，并研究如何有效提高两者协同发展水平以提升服务区域经济发展能力具有重要意义。

7.1.2 产业转型升级实施现状

山西省属于典型的资源型经济省区市，以煤炭及其相关产业为主要的经济来源。近年来，煤炭市场持续低迷，使山西省经济增长出现断崖式的下滑。而山西省经济抗波动能力弱的主要原因之一在于产业结构的不合理。山西省作为资源型经济转型综合配套改革试验区，产业转型和产业结构优化升级是首要核心任务。在经历经济大滑坡后，开始大力发展非煤产业，其经济结构已经发生重大改变。产业结构由原来的“二、三、一”产业排序逐步向“三、二、一”产业过渡。在综改区政策的带动下，经过持续性地改革与探索，山西省在改造提升资源型产业、培育替代产业、大力发展现代服务业、园区建设、产业融合、产业转型体制机制变革等方面取得了进展，产业结构也逐步向高级化和合理化靠近。创新驱动作为产业转型升级的根本动力，一方面，通过改造提升传统产业、培育新兴产业来影响产业结构；另一方面，通过人才、知识、技术的扩散流动、来提高技术创新水平、提升产业整体效率，进而推进产业转型升级。

7.2　高校协同创新运作机理分析

7.2.1　高校内部协同创新与外部协同创新相互作用关系

协同学是由德国著名物理学家哈肯创立的一门新兴综合性学科理论，其研究由大量子系统通过复杂的非线性作用组合成的复合系统，如何在各子系统之间以及组成子系统的各要素之间相互作用、相互融合的过程中，自发地从无序转变成时间、空间上的有序结构。本书将高校协同创新视为复合系统，由具有相互作用关系且不同属性的内部协同创新子系统与外部协同创新子系统复合形成。高校内部协同创新是以高校自身为主体，通过高校内部人才、学科、科研、管理等创新要素和资源的互动来实现，主要体现为跨学科、跨专业的交叉融合与集成创新。高校外部协同创新是高校与外部相关主体（其他高校、企业、科研院所、政府）通过资源和要素的深度融合，开展协同攻关，共同实现目标。两者之间存在复杂的非线性作用关系，如图 7.1 所示。

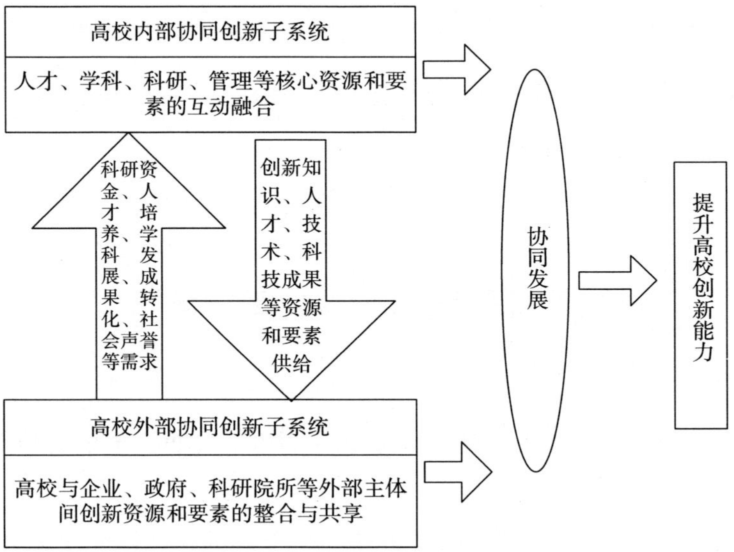

图 7.1　高校内外部协同创新相互作用机理

高校拥有丰富的创新知识、人才和科研成果，但缺乏科研创新所需要的资金及成果转化的技术和渠道。通过外部协同创新，高校可以拓宽融资渠道，同时，在学科理论知识、人才、科研成果与实践对接的过程中，可以提高科研成果的转化率、培养具有创新精神和实践能力的复合型人才，也能促进学科专业结构与产业转型升级、区域发展战略需求紧密衔接。此外，高校在“走出去”的过程中不断积累社会资源，有益于提高高校社会声誉。

高校内部通过创新资源和要素的整合优化，尤其在跨学科、跨专业交叉融合的基础上，形成的新理论、新技术，可以为企业、科研院所等创新主体在解决实际问题时提供新思路和方法。而且高校拥有进行前瞻性基础研究和技术开发的优越环境，能够为新技术、新产品的研发提供源源不断的智力支持和技术保障，从而降低其单独开展创新研究的成本和风险。由此可见，高校内部协同创新和外部协同创新的发展是一个相互作用、相互促进的过程，两者在实现创新供给与创新需求的对接中逐渐形成一个动态关联整体，通过非线性作用产生“1+1>2”的协同效应来提升高校整体创新能力。

7.2.2　高校内部与外部协同创新协同发展模型

依据协同学原理，高校内部与外部协同创新复合系统从无序向有序演化的过程中涉及众多系统状态参量，其中最主要的是序参量和控制参量。

1. 序参量

序参量是通过复合系统内部子系统间相互作用而形成的宏观要素，支配各子系统的行为且能够描述复合系统整体运行状态。根据序参量特征及高校内部与外部协同创新相互作用关系，本章将自主创新能力与协同创新能力定为复合系统的序参量，因为创新能力水平不仅是两者协同发展的基础，也是协同发展的方向和目标。自主创新能力是高校合理利用和优化配置各种创新资源和要素，通过一系列科研创新活动，产出高水平的不同形式的科研成果，并在相关领域形成具有竞争力的优势。协同创新能力外在表现为协同投入与产出能力，高校、企业、科研机构、政府等多主体相互投入创新资源和要素，共同推动协同创新能力形成。协同创新也是一种重要的管理创新，多元主体间协同关系管理能力是顺利开展协同攻关的重要保障，其本质在于通过寻求和运用创新资源来提升协同创新能力。

2. 控制参量

控制参量是对系统发展具有控制和导向作用的内部动力机制和外部环境因素。根据控制参量特征，参照李祖超、梁春晓等的研究将内部动力因素和外部环境因素作为复合系统的控制参量。内部动力因素存在于各主体内部，是激励其产生协同行为的内在驱动力，主要包括利益驱动和自我发展需求驱动。外部环境因素是能够引导和促进各创新主体进行协同创新的外在因素，主要包括政府政策和社会需求。两种参量共同作用于高校协同创新复合系统的发展演变。因此，笔者构建了基于序参量和控制参量的高校内部与外部协同创新复合系统协同发展模型，如图 7.2 所示。

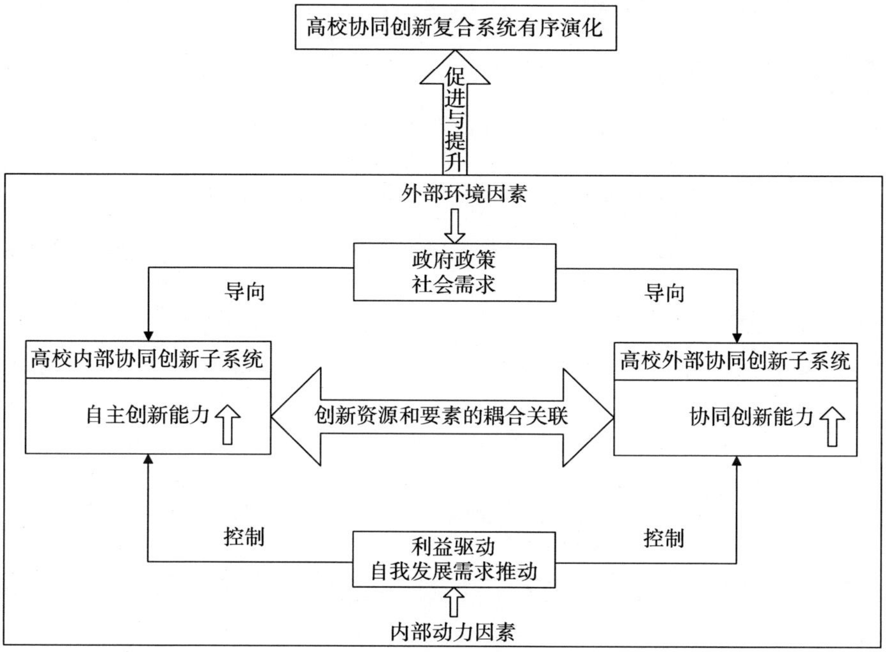

图 7.2　高校内外部协同创新协同发展模型

在政府政策和社会需求共同推动协同创新的大环境中，高校与其他外部主体基于自身利益和自我发展需求的驱动开展协同创新。在高校协同创新体系中，整体的创新效益需要通过创新资源和要素的深度融合来实现，高校作为创新知识、人才、科研成果的汇聚地，需要具备较强的自主创新能力，才能在协同创新体系中形成知识势差，推动创新资源和要素的流动与扩散，提高整体协同创新能力。同时，在外部协同创新过程中资源和要素融合产生的溢出效应又将反作用于高校，使其自主创新能力进一步提高，最终使得自主创新能力与协同创新能力均处于不断上升的状态。如上所述，高校内部协同创新子系统与外部协同创新子系统通过持续的正反馈作用不断扩大两者的协同效应，使复合系统从低级有序向更高级的有序结构演进。反之，在两个创新子系统非协同发展的状态下，各主体之间没有形成共性需求，导致协同动力不足，进而影响创新资源和要素的流动和共享。如此往复，形成恶性循环会使高校协同创新复合系统一直停滞不前或者向更低的层次退化，将不利于高校创新能力的提升。

7.3 高校协同创新能力测度模型构建

高校协同创新复合系统协同度是用来反映复合系统各子系统之间在发展演化的过程中彼此促进协调合作的程度。高校协同创新复合系统协同度能够体现高校内部协同创新子系统与外部协同创新子系统在创新过程是否处于协调一致、相互促进的状态。运用协同度评价方法可以有效地研究高校协同创新活动进行的有序程度和协调程度，有利于找出高校协同创新的薄弱环节并采取针对性措施加以改进，进而促进高校协同创新复合系统向高级有序的方向演化。

高校内部协同创新子系统与外部协同创新子系统的协同作用难以直接测量，因此为降低研究的复杂性，本章运用协同学的序参量原理，分别确立内部协同创新与外部协同创新子系统序参量。在孟庆松和韩文秀提出的复合系统协调度模型的基础上，构建了高校内部协同创新与外部协同创新协同度测度模型，具体包括子系统有序度模型、复合系统协同度模型和协同度测度指标体系。首先测量出两个创新子系统的有序度，然后用复合系统协同度来表示高校内部协同创新与外部协同创新的协同演化程度。

7.3.1　子系统有序度模型

将 $S=\{S_1,\ S_2\}$ 视为高校内部协同创新与外部协同创新复合系统，其中 S_1 为高校内部协同创新子系统，S_2 为高校外部协同创新子系统。考虑两个创新子系统 $S_i, i\in[1,2]$，设其发展过程中的序参量分量为 $e_i=(e_{i1},\ e_{i2},\ \cdots,\ e_{in})$，其中 $n\geqslant1$，$\beta_{ij}\leqslant e_{ij}\leqslant\alpha_{ij}$，$j=1,\ 2,\ \cdots,\ n$，$\alpha_{ij}$、$\beta_{ij}$ 为系统稳定临界点上序参量分量 e_{ij} 的上限和下限。系统 S_i 序参量分量 e_{ij} 的系统有序度表达式为：

$$\mu_i(e_{ij})=\begin{cases}\dfrac{e_{ij}-\beta_{ij}}{\alpha_{ij}-\beta_{ij}}, j\in[1,k]\\[2ex]\dfrac{\alpha_{ij}-e_{ij}}{\alpha_{ij}-\beta_{ij}}, j\in[k+1,n]\end{cases} \tag{7-1}$$

由以上定义可知，$\mu_i(e_{ij})\in[0,1]$，$\mu_i(e_{ij})$ 数值越大，则表明序参量分量 e_{ij} 对系统有序的“贡献”越大。从总体上看，各序参量分量 e_{ij} 对

子系统 S_i 有序程度的“总贡献”可通过 μ_i（e_{ij}）的集成来实现。集成的结果不仅与各分量的系统有序度数值大小有关，而且与它们的具体组合形式有关，对于子系统序参量有序度的测量可以利用线性加权法与几何加权法，本章采用线性加权法来求解，表达式为

$$\mu_i(e_i) = \sum w_j \mu_i(e_{ij}) \quad (7\text{-}2)$$

7.3.2 复合系统协同度模型

假设在给定的某一初始时刻 t_0，高校内部协同创新子系统有序度为 u_1^0（f_1），高校外部协同创新子系统有序度为 u_2^0（f_2），当复合系统发展演变到另一时刻 t_1 时，假定高校内部协同创新子系统有序度为 u_1^1（f_1），高校外部协同创新子系统有序度为 u_2^1（f_2），定义式（7-3）为高校协同创新复合系统协同度：

$$c = \mathrm{sig}(\cdot) \times \sqrt{\left|u_1^1(e_1) - u_1^0(e_1)\right| \times \left|u_2^1(e_2) - u_2^0(e_2)\right|} \quad (7\text{-}3)$$

$$\mathrm{sig}(\cdot) = \begin{cases} 1, u_1^1(e_1) - u_1^0(e_1) > 0 \text{且} u_2^1(e_2) - u_2^0 > 0 \\ -1，\text{其他} \end{cases}$$

由式（7-3）可知，高校内部协同创新与外部协同创新复合系统协同度的计算过程是基于时间序列的动态演变过程。高校协同创新复合系统的协同度 $C \in [-1,1]$，其数值越大，表明两子系统协同发展程度越高，反之则越低。协同度 C 为正值的充要条件是当且仅当 u_1^1（f_1）> u_1^0（f_1）且 u_2^1（f_2）>u_2^0（f_2）同时成立时，表明高校内部与外部协同创新复合系统

处于协同演变状态；当 C 为正值，但其数值很小，说明两子系统虽然在方向上是协同的，但其复合系统协同演化程度仍处于较低水平；而当 $u_1^1(f_1)>u_1^0(f_1)$ 与 $u_2^1(f_2)>u_2^0(f_2)$ 不能同时满足时，协同度 C 为负值，表明复合系统处于非协同演化的状态。复合系统协同度等级划分标准参照夏业领的研究成果，如表 7.1 所示。

表 7.1　复合系统协同度等级划分标准

协同度	[−1,0）	[0,0.4）	[0.4,0.7）	[0.7,0.9）	[0.9,1]
协同度等级	不协同	低度协同	基本协同	良好协同	优质协同

7.3.3　协同度测度指标体系

构建科学合理的协同度测度指标体系是准确测算复合系统协同度的关键环节，该指标体系必须能反映出高校协同创新复合系统的协同发展状态。依据序参量特征及高校内部协同创新与外部协同创新相互作用的关系，本章将自主创新能力与协同创新能力定为复合系统的序参量，因为两种创新能力水平不仅是两者协同发展的基础，也是协同发展的方向和目标。自主创新能力是高校自身合理利用和优化配置各种内部创新资源和要素，通过一系列科研创新活动，产出高水平的不同形式的科研成果，并形成一定的竞争优势。协同创新能力外在表现为协同投入与产出能力，高校、企业、科研机构、政府等多主体相互投入创新资源和要素，推动协同创新能力形成；协同创新也是一种重要的管理创新，多元主体间协同关系管理能力是顺利开展协同攻关的重要保障，其本质在于通过寻求和运用创新资源来提升协同创新能力。

创新投入和产出是衡量一个主体创新能力最直接的测度指标，国内外学者也大多从这两方面来测量。因此，本章选取自主创新投入与产出作为自主创新能力序参量分量，选取协同创新投入与产出及协同关系管理能力作为协同创新能力序参量分量，综合孙海华、戚湧等的研究，构建了高校内部协同创新子系统指标体系。高校与外部创新主体的合作要特别考虑创新要素和资源的交互与融合，参照王美霞、姜彤彤、王婉娟等人的研究，构建了高校外部协同创新子系统指标体系。具体测量指标如表 7.2 所示。

表 7.2　高校内外部协同创新协同度测度指标

子系统	序参量	一级指标	二级指标	单位
高校内部协同创新子系统	自主创新能力	自主创新投入（e_1）	教学与科研人员（e_{11}）	人
			研究与发展人员全时当量（e_{12}）	人年
			科研项目总数（e_{13}）	项
			科研经费内部支出（e_{14}）	千元
		自主创新产出（e_2）	专利授权数量（e_{21}）	件
			国外及全国性期刊发表论文数（e_{22}）	篇
			著作数（e_{23}）	部
			鉴定成果数（e_{24}）	项

续表

子系统	序参量	一级指标	二级指标	单位
高校外部协同创新子系统	协同创新能力	协同创新投入（e_3）	产学研活动投入 R&D 人员（e_{31}）	人
			产学研活动投入 R&D 经费（e_{32}）	千元
		协同创新产出（e_4）	共同参与科技服务课题数（e_{41}）	项
			技术转让收入（e_{42}）	万元
			共同署名专利授权数（e_{43}）	件
		协同关系管理能力（e_5）	与外部主体互动联系频率（e_{51}）	次
			协同主体合作数量（e_{52}）	个

7.4　基于山西省高校的实证分析

7.4.1　数据来源与处理

本章采用山西省 18 所高校相关数据进行实证分析，关于测度数据的来源，在充分考虑数据可获得性与权威性的基础上，从 2012—2017 年《高等学校科技统计资料汇编》、国家知识产权网、各高校官网、山西省统计年鉴等获取指标所需数据，采用熵值法确定指标权重，将各指标权重代入式（7-1），计算出各子系统序参量分量有序度，将结果代入式（7-2）得到两个子系统的有序度，最后代入式（7-3）得到各高校协同创新复合系统的协同度，结果如表 7.3 所示。

表 7.3 各高校内外部协同创新复合系统协同度

高校	协同度				
	2013 年	2014 年	2015 年	2016 年	2017 年
山西大学	–0.172	0.101	0.279	0.400	0.551
太原理工大学	0.049	0.264	0.382	0.556	0.542
中北大学	0.291	0.275	0.215	0.489	0.517
山西财经大学	–0.053	0.148	–0.004	0.239	0.245
山西师范大学	–0.113	0.087	–0.128	0.339	0.450
山西农业大学	–0.011	0.227	0.463	0.183	0.646
太原科技大学	–0.086	0.014	–0.101	0.111	0.231
山西医科大学	0.155	0.194	0.177	0.267	0.450
山西大同大学	–0.138	–0.183	–0.247	0.062	–0.134
太原工业学院	–0.016	0.133	–0.065	0.302	0.438
太原师范学院	0.137	0.241	0.371	0.184	0.440
山西中医药大学	–0.077	0.025	0.083	–0.029	0.484
长治医学院	–0.062	0.195	–0.095	0.307	0.117
吕梁学院	0.092	0.148	0.159	0.219	0.343
晋中学院	–0.098	–0.066	0.073	0.132	0.311
长治学院	0.044	0.027	0.098	–0.040	0.399
运城学院	–0.049	0.124	0.229	0.212	0.066
忻州师范学院	–0.027	0.082	0.309	0.248	0.304

7.4.2 计算结果分析

本章运用复合系统协同度模型对 2012—2017 年山西省 18 所高校内部协同创新与外部协同创新的协同度进行测度，得到以下结论。

从表 7.3 的复合系统协同度来看，山西省高校整体协同创新复合系统经历了低度协同到基本协同的转变。多数高校 2013—2015 年协同度小于 0.3，处于低度协同状态，还有少数高校协同度为负值；2016 年，多所高校协同度有所提高，但超过 0.3 的不足一半；大部分高校在 2017 年复合系统协同度提高到 0.5 左右，上升到基本协同的状态，仍有几所高校处于不协同或者低度协同状态。这表明山西省在实施高等教育振兴计划工程即“1331 工程”之后，各高校内外协同创新协同发展取得了一定成效，但整体协同水平还处于较低层次，推进协同创新的动力依然不足，没有形成大力开展协同创新的良好氛围。

从复合系统协同演变的趋势可以看出各高校存在较大差异，只有少数高校复合系统协同度呈上升趋势，如山西大学、太原理工大学；而多数高校呈波浪式前进，如中北大学、山西师范大学、山西农业大学、山西医科大学等高校；还有少数高校呈下降趋势，如运城学院、长治医学院等。为进一步分析各高校协同创新复合系统发展趋势存在差异的原因，结合山西省高校实际情况，选择太原理工大学、山西师范大学、运城学院三所典型高校进行具体分析。表 7.4 和图 7.3 分别说明了三所高校各年度内部协同创新与外部协同创新有序度与协同度的具体情况。

表 7.4　三所高校内外部协同创新子系统有序度与系统协同度

年份	太原理工大学			山西师范大学			运城学院		
	高校内部协同创新	高校外部协同创新	协同度	高校内部协同创新	高校外部协同创新	协同度	高校内部协同创新	高校外部协同创新	协同度
2012	0.247	0.144	—	0.178	0.246	—	0.271	0.000	—
2013	0.345	0.169	0.049	0.085	0.108	–0.113	0.244	0.090	–0.049
2014	0.426	0.535	0.264	0.296	0.310	0.087	0.322	0.305	0.124
2015	0.614	0.541	0.382	0.405	0.174	–0.128	0.387	0.451	0.229
2016	0.751	0.758	0.556	0.615	0.509	0.339	0.446	0.258	0.212
2017	0.652	0.871	0.542	0.741	0.606	0.450	0.333	0.070	0.066

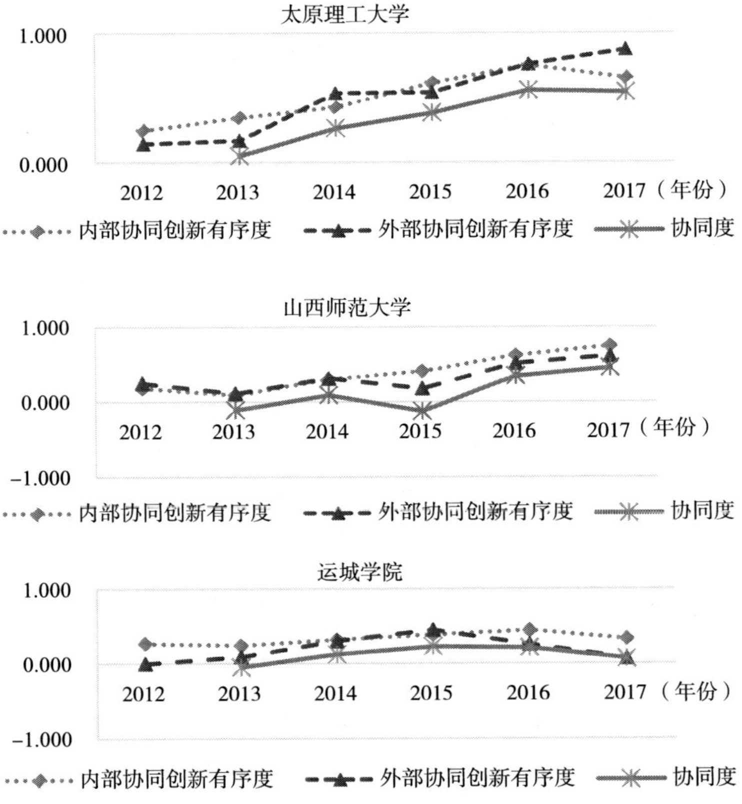

图 7.3　三所高校内外部协同创新子系统有序度与系统协同度

由表 7.4 和图 7.3 可以得知，三所高校内部协同创新子系统有序度基本呈上升趋势，外部协同创新子系统有序度的变化是影响两者协同发展的主要因素。而且从计算结果来看其他高校也符合这种情况。太原理工大学外部协同创新子系统有序度与内部协同创新总体保持一致上升趋势；山西师范大学外部协同创新子系统有序度呈波动式前进，由 2013 年的负值不协同波动上升到 2017 年的基本协同；运城学院外部协同创新子系统有序度由 2013 年不协同上升到 2015 年低度协同，之后呈现下降趋势。外部协同创新子系统有序度普遍低于内部协同创新有序度且呈现波动趋势，表明山西省多数高校协同创新理念及体制机制变革缓慢，大部分创新资源和要素多用于自身发展，与外部主体协同创新的动力不足。

7.5　提高山西省高校协同创新能力的策略分析

本章运用复合系统协同度模型，通过构建协同度测度指标体系测算了山西省 18 所高校协同创新系统的协同度，计算结果与专家学者们对山西省高校创新能力的评价基本一致。

山西大学和太原理工大学作为山西省的“龙头”高校，科研实力和科研资源具有一定优势，两所高校的内外协同创新已基本形成相互促进态势，复合系统协同度呈上升趋势。

山西师范大学、山西农业大学等高校，虽然建校时间较长，但科研实力较前两所高校仍有一定差距。山西师范大学作为师范类高校，主攻教育方向，科研类学科仅有化学等少数几门。山西农业大学作为农业类高校，多数学科偏农业方面。因此，这几所高校多数学科专业科研优势较弱，外部协同创新相对内部创新发展不稳定，复合系统协同度呈波动向前发展趋势。

运城学院、晋中学院等几所新建本科高校，总体科研创新实力偏弱，所以其内外协同创新均体现出发展不足，复合系统协同度也相对较低。本章通过实证分析得出的结果与山西省高校实际情况相符，表明所构建的高校内外协同创新协同度测度指标体系具有一定的有效性。

实证分析结果也表明现阶段山西省多数高校内部协同创新子系统与外部协同创新子系统处于基本协同的状态，还有几所高校滞留于低度协同或者不协同阶段，总体距离优质协同还有很大差距。通过对太原理工大学、山西师范大学、运城学院三所高校各年的两种创新方式的发展趋势差异及原因的具体分析，发现外部协同创新是高校创新系统协同发展的关键制约因素。这表明山西省高校并没有形成良好的内外协同创新氛围，各主体的外部创新需求与内在协同驱动力皆存在不足。除此之外高校自身的基础对内外协同创新的有序发展也有很大的影响。因此，为有效刺激各创新主体的协同动力，改善处于不同发展阶段的高校内外协同创新发展不平衡的现状，促进山西省高校整体协同创新复合系统良好有序的发展，笔者提出以下几点建议。

（1）政府应完善和规范高校协同创新的相关政策和规划。从当前山西省高校协同创新的态势来看，高校与外部创新主体之间基于自身利益和自我发展需求驱动的主动协同创新尚未成形。因此，必须充分发挥政府的引导和支持作用，强化各主体的协同动力，不断营造有利于协同创新健康发展的政策环境和社会氛围。一方面政府应该主动融入高校协同创新中去，加大财政支持力度，鼓励高校走出去同外部创新主体开展协同攻关；另一方面通过制定政策，运用宏观调控手段，引导企业、科研院所与地方高校积极开展合作，通过搭建校企交流对接平台、技术转移中心、研究开发基地等，促进产学研的深度融合。

（2）高校应勇于变革传统的内部管理体制机制。协同创新的本质属性是一种重要的管理创新，要实施好这种管理创新必须改变陈旧僵化的体制机制。从山西省当前各高校的协同创新状况来看，高校内部体制机制变革执行力度缓慢，改革意识不强，与外部主体合作创新动力不足，科研成果转化率低。因此，山西省高校必须以一流标准为牵引，向走在改革创新前端的高校学习，抓住改革创新的契机，改变因循守旧、慵懒散慢的思想观念，破除科技、人才、内部管理体制机制等障碍，加强与高水平大学、企业、科研院所的战略合作，通过寻求高层次的智力支持提高自身创新能力。

（3）高校应建立合理的利益分配机制。利益驱动是各主体进行协同创新最根本的动力，无论是高校内部进行协同创新还是与外部创新主体进行合作，合理的利益分配和有效的利益协调是协同创新平稳高效发展的基本保障。通过满足各方的利益需求，一方面可以充分调动高校内部科研人员、教师、行政管理人员的主动性和积极性，另一方面能够保障其他创新主体与高校之间持续的协同合作关系。因此高校应该主动变革传统的内部治理结构和体系，建立合理的利益分配机制，依据组织与个体的贡献程度来匹配相应的权益激励。

（4）高校应加强科技资源整合共享管理人员队伍建设。要保障高校协同创新的顺利推进，必须建立一支懂管理、善思考、勇于革新的高素质管理队伍。从当前山西省各高校的协同创新状况来看，协同创新动力不足，细究原因离不开高校自身的管理问题。管理人员必须有自我革新的意识和勇气，才能突破传统的创新观念和体制机制的束缚。通过持续性地深入思考和学习交流，一方面，要抓住当前高校协同创新发展的契机，主动变革创新理念，勇于大胆实践；另一方面，要不断提高自身对创新资源和要素的整合优化能力及对协同关系的管理能力，在保持内部协同创新有序发展的基础上，积极寻求科研实力强的创新主体进行合作，加强彼此间互动联系的频率，以良好的协同关系促进要素和资源的深度融合。

（5）高校应树立协同创新的创新理念。高校协同创新强调高校的主导作用和内生动力，因此，无论高校当前处于哪个发展阶段，都应该主动变革传统的创新观念，立足本学校的办学定位和学科发展规律，勇于进行跨学科、跨专业交叉研究，强化特色学科，以优势学科带动整体学科发展；另外还应加大校级协同创新中心的培育和建设力度，在这个平台上实现创新资源和要素的自由流动与充分共享。通过内部协同创新提高自身科研创新实力，在此基础上积极主动寻求其他创新主体进行合作创新，最终形成自主创新与协同创新交互影响螺旋上升的良好协同趋势。

7.6　本章小结

本章从实现高校协同创新的两条路径出发，利用复合协同度模型构建协同创新能力测评指标体系，运用 2012—2017 年山西省 18 所高校相关数据对高校协同创新复合系统协同发展状况进行测度，进而观测 18 所高校的协同创新能力。并对协同发展趋势存在差异的三所典型高校进行了具体分析，结果表明山西省高校并没有形成良好的内外协同创新氛围，外部协同创新子系统有序度普遍低于内部协同创新子系统有序度，是影响高校协同创新复合系统协同发展的关键因素。本章为促进两子系统协同发展，进而提升山西省高校协同创新能力及服务区域经济社会发展和产业转型升级的能力提供了理论层面的策略和建议。

第8章　山西省产业转型与发展的基础保障——县域执行力

资源型省市区经历了长期的粗放型经济增长方式的发展，环境容量已达到极限。由煤炭经济造成的产业结构畸形、生态破坏、环境污染、资源浪费、耕地塌陷等问题长期困扰着资源型地区居民的生存与发展，这些问题的存在很大程度上是由于地方政府经济社会发展规划执行力不足导致的。本章以山西省“综改试点”某典型县域为例，对其县域发展规划执行力进行研究。

8.1　山西省县域发展规划的执行情况概述

为了全面剖析资源型县域发展规划的实施情况，本节对山西省经济结构调整政策与县域发展规划执行情况进行对比分析，如表8.1所示。

表 8.1　山西省经济结构调整政策与某县执行情况对比

时期	山西省经济结构调整政策内容	某县执行情况
“十五”	坚持科教兴省和可持续发展战略，积极促进经济增长方式的根本转变，以发展潜力产品为切入点，大力扶持优势产业、优势企业和优势产品，全力培育新经济增长点，突出战略性调整，推进产业结构优化升级，提高经济的整体素质和效益	产业结构不合理，“一煤独大”特征突出，尚未真正形成多元化的产业发展格局，非煤焦产业发展步伐缓慢；经济增长方式粗放，过度依赖煤、焦等行业，呈现出高投入、高消耗、高污染、低效益特征，投入产出效率低；污染严重，煤焦等重工业发展已接近资源环境承载力的极限
“十一五”	继续发展以煤炭为基础、以电力为中心的能源产业；发展以不锈钢和铝镁合金为主的金属材料及其制品工业；发展装备制造业；发展具有山西优势的化学和医药产业；发展新型材料产业；发展以特色农业为基础的农畜产品加工业；发展旅游文化产业和现代服务业	农业和农村经济稳定发展，以核桃为主的干果经济林和特色养殖初具规模，部分特色养殖项目得以迅速壮大；产业结构调整取得明显成效，通过煤炭资源整合，煤矿年生产能力得到大幅提升，规模较大的现代化洗煤项目投产增多，焦炭年产能大幅提高；以旅游和文化产业为龙头的服务业快速发展
“十二五”	按照以煤为基、多元发展的思路，通过“七条路径”改造提升传统产业，培育壮大新兴产业，加快发展现代服务业，推进工业化与信息化深度融合，发展现代产业体系	随着山西省转型力度的深入，招商引资发展观念转变，不再引进采挖资源型企业，但资源型企业在经济主体中的构成比例仍旧较大，资源开采数量在可持续发展水平之上，经济增长方式转变缓慢

通过上述对比，长期受粗放型经济发展导向的影响，地方政府对能源利用效率、生态环境保护等方面重视明显不足。经历了三个五年规划之后，资源型县域经济结构重型化特征突出的问题尚未得到明显改善，仍然与省级层面的经济结构调整政策存在较大偏差。

8.2　基于经济指标执行情况的评价分析

县域发展规划中确定了经济发展、社会发展、资源环境等目标，并将相关指标量化成发展目标，本节运用规划完成程度评价法，将计划指标与完成指标进行对比，对县域发展规划执行力进行客观评价。着重选取“十一五”时期及“十二五”时期前两年的数据。为了便于观察指标计划完成程度的分布特征，将执行偏差分为五个区间：10% 以内、10%~20%、20%~30%，30%~50% 和 50% 以上，以便对指标完成程度作进一步的分析和比较研究。

1.“十一五”规划主要经济社会指标执行情况分析

如表 8.2 所示，从某县“十一五”规划主要经济社会指标的执行情况看，生产总值年均增长率、固定资产投资年均增长率、城镇基本社会保险覆盖率、城镇居民人均可支配收入、农村居民人均纯收入、森林覆盖率、万元生产总值综合能耗下降等指标均未达到计划指标值。其中，生产总值年均增长率仍高达 12.76%，高于山西省整体的增长目标，固定资产投资年均增长率执行偏差落在 30%~50%，尽管未实现 51.1% 的计划目标，也已高达 29.55%，高于山西省固定资产投资增长率的平均水平。其他五项未完成指标主要集中在社会民生、资源环境等方面，且执行偏差较大。财政收入、第三产业增加值占生产总值比重、新型农村合作医疗覆盖率等超出计划指标值，其中，财政收入指标执行偏差落在 50% 以上区间内。

表 8.2　某县与山西省“十一五”规划决策目标与执行情况对比

单位：%

指标		山西省				某县			
“十一五”		计划	实现	完成度	偏差	计划	实现	完成度	偏差
经济增长与结构调整	生产总值年均增长率	10	11.2	112	20%~30%	14	12.76	91.14	10% 以内
	固定资产投资	20	27.2	136	30%~50%	51.1	29.55	57.83	30%~50%
	财政收入	15	19	127	20%~30%	14	21.7	155.28	50% 以上
	第三产业增加值占生产总值比重	40	37	92.5	10% 以内	35	36.7	104.85	10% 以内
社会发展与人民生活	城镇基本社会保险覆盖率	≥80	87	108	10% 以内	≥80	61.0	76.25	20%~30%
	新型农村合作医疗覆盖率	>90	94.28	105	10% 以内	80	97.51	121.88	20%~30%
	城镇居民人均可支配收入	12	11.9	99	10% 以内	19	16.65	87.63	10%~20%
	农村居民人均纯收入	6~8	10.4	130	20%~30%	13	11.88	91.38	10% 以内
资源环境	森林覆盖率	18	18	100	10% 以内	≥40	31	77.5	20%~30%
	万元生产总值综合能耗下降	22	22.6	102.7	10% 以内	25	24.42	97.68	10% 以内

2. 2011—2012 年主要经济社会指标执行情况分析

如表 8.3 所示，从某县 2011 年执行情况看，主要经济指标均完成，执行偏差区间较为理想。从 2012 年执行情况看，生产总值增长率、固定资产投资、财政收入等指标均未完成，执行偏差均为负值，固定资产投资和财政收入等指标执行偏差幅度较大。某县由经济增长引发的环境破坏代价问题尤为突出：主要污染物排放量能够完成上级政府下达的指标任务，但境内主要河道仍为劣 V 类水质，处于重度污染状态；2011 年环境空气质量二级以上天数达到 358 天，其中一级天数实现 142 天；2012 年二级以上天数达 360 天，其中一级以上天数达 146 天，与“十一五”时期相比，空气质量尽管有明显改善，但产业规划实施偏差仍将在较长时间内对区域生态环境的改善形成约束。

表 8.3　2011—2012 年某县与山西省决策目标与执行情况对比

指标	2011 年						2012 年					
	山西省			某县			山西省			某县		
	计划	实际	偏差	计划	实际	偏差	计划	实际	偏差	计划	实际	偏差
生产总值增长率	12	13	10%以内	16	17.5	10%以内	12	10.1	10%~20%	15	12.7	10%~20%
固定资产投资	22	27.3	20%~30%	15.2	15.6	10%以内	22	24.5	10%~20%	30	17.5	30%~50%
财政收入	15	24.9	50%以上	23.11	23.2	10%以内	15	17.2	10%~20%	25.24	13.4	30%~50%
城镇居民收入	10	15.8	50%以上	13	13.1	10%以内	10	12.6	20%~30%	13	13.1	10% 以内
农村居民收入	10	18.3	50%以上	14.7	20.3	30%~50%	10	13.5	30%~50%	13	15.6	10%~20%

3. 县域发展规划中主要指标执行偏差的根源

县域发展规划各项指标不能达到预期效果，与规划本身存在的缺陷有关。年度决策目标与五年发展规划决策目标存在较大差异，规划中对指标的预测相对偏高。将某县与山西省“十二五”规划的决策目标相比，表 8.3 中各项指标均高于省级政府的决策目标。以生产总值增长率为例，某县规划中确定了 24.6% 的年均生产总值增长率，高于山西省 13% 的增长目标，远高于国家年均增长 7% 的增长目标，由此表明基层地方政府仍然将发展目标锁定在“加快发展”上。资源型经济增长速度决定着经济发展所付出的环境代价的大小，决定着资源消耗和废弃物的排放强度和规模，过高过快的经济增长速度将持续以过度消耗矿产资源为代价。与此同时，资源浪费和环境恶化又将抵消经济增长的大部分成果；在生产总值为导向的政绩考核机制改革不断完善的情况下，地方政府更加重视生产总值增长率和财政收入等指标的完成情况，形成恶性循环。社会民生和资源环境等方面指标完成不足，随着政府目标责任考核指标的调整和改进，空气污染得到一定程度的整治，但隐性的生态破坏还持续被忽视。

8.3　县域发展规划执行力分析

8.3.1　规划执行力的框架指标选取

为了更好地评价县域规划的执行力，本节将县域发展规划执行力分解为五个方面：规划认知与支持力、规划保障力、组织沟通与协同力、过程控制力和实施效果力。

1. 规划认知与支持力

认知是主体对客体进行信息加工处理的一种复杂心智活动，包括信息的数量、特征和准确性及组织和处理信息的能力。规划实施主体只有对规划内容和精神实质有了正确的认知，才能形成正确的执行态度，产生符合规划目标的执行行动，从而坚定地、创造性地、完整准确地执行规划目标。规划实施主体对规划内容的认同、对规划执行的重视、对工作的负责是规划得以有效执行的重要条件所在。本节选取对当地发展规划的了解程度、对当地县域发展规划的认可程度、对上级政府发展精神的认识、对当地县域发展规划的重视程度、执行规划的责任感等指标作为规划认知与支持力的评价依据。

2. 规划保障力

规划内容的实施和完成需要人力、物力、财力、信息资源等各方面的保障。规划执行需要依托若干个项目实施方案的前期准备，而实施方案的科学性取决于执行人员是否具备与规划执行相适应的业务水平和能力，本节通过分析项目实施方案的准备情况来反映规划执行主体的能力。财力和物力资源投入直接影响规划执行的过程和效果，财力资源不足，物质基础薄弱，必然会造成执行不力和效果不良的后果。信息资源也是规划执行中非常重要的资源，规划执行信息的公开为目标群体提供了决策依据，并成为目标群体监督地方政府的重要形式。本节从执行人员的能力保障、政策保障、资金保障、信息资源保障等方面考察规划保障力。

3. 组织沟通与协同力

从信息论的角度来看，规划实施就是一个信息的传递和沟通的过程。这个过程主要有信息的发散和汇集两个方面：信息的发散主要是指地方政府向社会释放、传递有效的信息，使社会团体、各经济主体、民众了解政策的去向、内容、特征；信息的汇集是指地方政策在释放传递信息的过程中，从社会或中央政府、地方政府、社会团体三类主体之间的相互交流和传递的过程中获取信息。协同力主要协调执行主体与执行客体、与其他部门和组织、与上级机关的各种关系，并且还要协调本系统各个部门之间及部门成员之间的关系，使之相互配合，形成合力，共同实现规划目标。本章主要选取与上级部门的信息沟通与合作能力、与同级部门的信息沟通与合作能力、与企业的信息沟通与合作能力、与居民的信息沟通与合作能力作为评价组织沟通与协同力的评价依据。

4. 过程控制力

从控制论角度分析，控制最先是作为管理的基本职能提出来的。著名的管理学家法约尔曾将管理活动划分为计划、组织、指挥、协调、控制五项基本职能。1948 年美国科学家维纳出版《控制论》一书后，出现了管理控制的理论体系。在管理控制理论中，控制的基本含义是指确定标准、评价绩效、纠正偏差等构成的信息反馈回路过程。控制过程主要由内部控制主体和外部控制主体完成。五年发展规划的实施主要是依靠诸多重大项目的落实完成，内部控制主体能否设计出合理的动态跟踪调整机制关乎规划执行的效果。本节选取中期评估机制的落实情况、重大项目的动态跟踪调整机制、本地居民对规划执行的监督力度、政绩考核评价指标体系的合理性情况等指标考察过程控制力。

5. 实施效果力

规划效果力是指对发展规划的实施产生的效果进行评价，本章将规划效果力分解为规划目标的完成程度、规划执行产生的社会效益度、上级部门的认同度、规划执行人员的满意度四方面。目标的完成程度主要指的是执行主体对原定目标完成情况的主观感知；规划执行产生的社会效益度主要是指规划目标执行过程中，经济增长目标对生态环境的影响程度；上级部门的认同度主要反映上级部门认为执行结果是否符合其规划的精神本质，实现期望目标的程度；本地居民对规划执行情况的满意度是体现规划效果力的一个重要方面，是从民众的角度考察政府执行效果的指标。

8.3.2　评价指标体系权重确定

通过向政府官员、政府管理专家发放县域发展规划执行力测评指标体系权重表，经过计算得到指标权重值。县域发展规划执行力测评指标体系权重如表 8.4 所示。

表 8.4 县域发展规划执行力测评指标体系权重

目标层	准则层	权重	指标层	权重
县域发展规划执行力 A	规划认知与支持力 B_1	0.19	对当地县域发展规划的了解程度 C_1	0.148
			对当地县域发展规划的认可程度 C_2	0.200
			对上级政府发展精神的认识 C_3	0.180
			对本地县域发展规划的重视程度 C_4	0.240
			执行规划的责任感 C_5	0.252
	规划保障力 B_2	0.22	执行人员的能力保障 C_6	0.284
			政策保障 C_7	0.228
			资金保障 C_8	0.302
			信息资源保障 C_9	0.186
	组织沟通与协同力 B_3	0.164	与上级部门的信息沟通与合作能力 C_{10}	0.278
			与同级部门的信息沟通与合作能力 C_{11}	0.272
			与企业的信息沟通与合作能力 C_{12}	0.216
			与居民的信息沟通与合作能力 C_{13}	0.234
	过程控制力 B_4	0.192	中期评估机制的落实情况 C_{14}	0.308
			重大项目的动态跟踪调整机制 C_{15}	0.290
			本地居民对规划执行的监督力度 C_{16}	0.178
			政绩考核评价指标体系的合理性情况 C_{17}	0.204
	实施效果力 B_5	0.234	规划目标的完成程度 C_{18}	0.276
			规划执行产生的社会效益度 C_{19}	0.288
			上级部门的认同度 C_{20}	0.204
			本地居民的满意度 C_{21}	0.232

8.3.3　实证分析

1. 调查问卷构成

政府各职能部门及工作人员直接参与了规划的执行，对规划执行过程有着清晰的感受和判断，能够对规划执行过程和结果做出更为明确的评价。本节着重以地方政府工作人员作为规划执行力的主要评价对象。本次调查问卷共发放 102 份，收回 94 份，有效问卷 83 份。其中，男性人数为 38 人，女性人数为 45 人，工作单位主要以行政单位和事业单位为主。调查数据来源于 L 县发改局、财政局、国土局、环保局、煤炭工业局、规划局、人力资源和社会保障局、水务局、政法委、农法办、宣传部等单位的工作人员。其中，年龄为 20~30 岁的被调查人员占总人数的 51.8%，年龄为 30~40 岁的被调查人员占总人数的比重为 33.7%，年龄为 40~50 岁的政府被调查人员占总人数的比重为 10.7%，年龄为 50 岁以上的被调查人员占总人数的 3.6%。从文化程度上看，研究生及以上学历的被调查人员占 9.6%，本科学历的被调查人员占 51.8%，文化程度为大专的被调查人员占 25.3%，学历为中专或者高中的被调查人员占 13.3%，被调查人员的整体文化水平较高，具备对县域发展规划的认知能力。本次调查主要以基层政府工作人员为主，由于调查过程存在一定的难度，本次调查中职务级别为科级及副科级的被调查人员占总人数的比重仅为 15.5%，职务级别为科员的被调查人员占 54.2%，职务级别为职工的被调查人员占 30.1%。

2. 调查问卷信度和效度检验

本节对调查问卷中采集到的相关数据，利用 SPSS 统计软件中的信度分析处理，分析结果表明测评体系系数为 0.861，总体上表明该测评指标体系的内部一致性较为理想。本次咨询共发放 20 份咨询表，其中有 18 位评判人员认为测评指标体系能够反映县域发展执行力的内容，根据内容效度公式计算得出内容效度比为 0.8，说明本县域发展规划执行力测评指标体系具有较高的内容效度。

3. 问卷调查结果分析

从表 8.5 中可以看出，仅有 18.1% 的被调查人员熟悉本地发展规划，对规划内容的熟悉情况一方面与被调查人员的文化水平相关，另一方面源于岗位性质不足以对工作人员熟知本地规划产生激励，因此较少关心区域整体发展规划。调查中还发现，规划认知力的断层性问题突出，职务级别越低，规划认知力就越低，科级以上干部规划认知力较强，科员及基层工作人员认知水平一般；不同职能部门对规划认知情况有差异，综合职能部门工作人员对本地发展规划了解程度较深，业务职能部门则了解较少。基层政府决策层仍以经济增长速度、固定资产投资、财政收入等为主要发展目标，产业结构转型升级目标仍停留在大产能置换小产能阶段，表明县域规划制定与上级发展精神存在一定差异。

表 8.5　规划认知与支持力的各要素调查结果分析

对规划的熟悉情况		对规划的认可情况		规划符合上级精神情况		领导重视情况		完成工作的责任感	
程度	百分比（%）	程度	百分比（%）	程度	百分比（%）	程度	百分比（%）	程度	百分比（%）
不熟悉	12.0	不认可	2.4	不符合	1.2	不重视	2.4	没有责任感	1.2
知道一点	13.3	就那样	19.3	不太符合	6.0	不太重视	6.0	责任感较弱	2.4
基本熟悉	56.6	一般	32.5	一般	48.2	一般	31.3	责任感一般	36.1
熟悉	18.1	认可	45.8	符合	44.6	重视	60.2	责任感强，尽力完成	60.2

从表 8.6 中可以看出，仅有 24% 的被调查人员认为单位内部资金能够满足规划中重大项目的需要，资金短缺成为制约规划实施的障碍因素。一方面与资源税收上缴比例较大相关，区域转型缺乏原始资本积累；另一方面与财政资金的利用效率有关，决策层倾向于将财政资金用于显性政绩工程。在当前情况下，地方政府还未形成透明、规范、高效的运作机制，制定产业项目规划、优惠政策、鼓励性措施及操作细则的随意性大，影响到政策的稳定性和连续性，导致重大项目的实施缺乏制度化的政策保障。同时信息公开化程度不高也成为制约社会公众理解政策法规及行政行动的障碍因素。

表 8.6　规划保障力的各要素调查结果分析

方案		政策保障		资金保障		信息资源	
准备情况	百分比（%）	准备情况	百分比（%）	准备情况	百分比（%）	准备情况	百分比（%）
不充分	0.0	没有保障	0.0	资金匮乏	4.8	程度低	0.0
不太充分	6.1	保障不足	7.2	不太充分	15.7	程度偏低	9.6
一般	34.9	一般	50.6	一般	55.4	一般	47.0
准备充分	59.0	有保障	42.2	资金充足	24.1	程度高	43.4
合计	100.0	合计	100.0	合计	100.0	合计	100.0

如表 8.7 所示，调查发现，本地居民配合规划实施的积极性不高，由于长期的资源依赖，造成本地居民形成固有就业观念，总体上偏向煤炭企业。而地方政府对转变居民发展观念的重要性认识不足，观念引导手段和方式单一，剩余劳动力未能得到有效转移。调查中还发现，作为区域经济增长的主体，企业的积极配合是区域产业转型的重要保障，而条条管理体制下的资源型国有大型企业成为地方政府难以统筹使用和有效引导的区域经济要素。

表 8.7　组织沟通与协同力的各要素调查结果分析

与上级部门的沟通情况		与其他部门的合作情况		企业的配合情况		居民的配合情况	
程度	百分比（%）	程度	百分比（%）	程度	百分比（%）	程度	百分比（%）
沟通不畅	1.2	不合作	0.0	不配合	0.0	不配合	2.4
沟通较少	2.4	不愿合作	2.4	不愿配合	4.8	不愿配合	3.6
一般	31.3	一般	34.9	一般	41.0	一般	57.8
沟通频繁	65.1	积极合作	62.7	积极配合	54.2	积极配合	36.2
合计	100.0	合计	100.0	合计	100.0	合计	100.0

如表 8.8 所示，调查发现，重大项目落地率不高，项目搁置现象普遍，诸多重大项目缺乏动态跟踪追踪控制；规划实施过程中缺乏系统全面的中期评估机制；地方政府工作人员对政绩考核评价指标体系的合理性程度评价不高，在考核过程相对封闭的情况下，可能带有上级政府的主观性。受信息不对称、地位不对等及传统政治文化的影响，本地居民对规划实施情况的监督意识不强。

表 8.8　过程控制力的各要素调查结果分析

重大项目是否存在动态跟踪调整机制		规划实施的中期评估机制落实情况		本地居民对重大项目实施的监督程度		政绩考核评价指标体系的合理性程度	
程度	百分比（%）	程度	百分比（%）	程度	百分比（%）	程度	百分比（%）
不存在	2.4	评估流于形式	4.8	程度很低	2.4	不合理	1.2
少数项目存在	20.5	评估的全面性不强	20.5	程度偏低	16.9	不太合理	8.4
多数项目存在	44.6	基本能够客观评估	50.6	一般	49.4	一般	63.9
存在	32.5	全面评估	24.1	程度高	31.3	合理	26.5

如表 8.9 所示，调查发现，被调查人员对本地产业结构转型信心不足，认为本地优势在于煤炭资源，需要长期依靠煤炭资源发展经济。仅有 12% 的被调查人员认为本地经济效益是以生态环境破坏为代价而产生的，与该地区实际生态环境效应相比，环境代价长期被地方政府所低估。

表 8.9 实施效果力的各要素的调查结果分析

目标完成情况		规划实施产生的社会效益度		上级认同情况		本地居民满意度	
程度	百分比（%）	程度	百分比（%）	程度	百分比（%）	程度	百分比（%）
多数目标未完成	2.4	经济效益以生态环境破坏为代价	12.0	不认同	0.0	不满意	0.0
部分目标未完成	7.2	对生态环境产生较大的不利影响	13.3	不太认同	4.8	不太满意	10.8
基本达到预期目标	62.7	一般	56.6	基本认同	61.4	一般	50.6
完成情况良好	27.7	对生态环境的不利影响较小	18.1	认同	33.8	满意	38.6
合计	100.0	合计	100.0	合计	100.0	合计	100.0

4. 相关性分析

（1）规划保障力要素与规划目标完成情况的相关性分析。

依据 SPSS 检验，在默认的 0.05 水平（双侧）上被认为是显著相关，政府部门资金保障与规划目标完成情况的 Spearman 系数为 0.254，相关系数 $|r|$ 小于 0.3，呈现出正的弱相关性。政府部门资金保障是规划目标完成的重要保障，政府部门资金应集中用于公共基础建设、公益性事业发展，区域规划目标的完成需要积极调动社会整体的资金力量。

依据 SPSS 自动检验，在 0.01 水平（双侧）上被认为是显著相关，信息公开程度与规划目标完成情况的 Spearman 系数为 0.310，相关系数 $|r|$ 大于 0.3，呈现出正相关性。

（2）组织沟通与协同力要素与规划目标完成情况的相关性分析。

依据 SPSS 检验，在 0.05 水平（双侧）上被认为是显著相关，本地企业配合规划中重大项目的实施与规划目标完成情况的 Spearman 系数为 0.247，相关系数 $|r|$ 小于 0.3，呈现出正的弱相关性。从描述性统计分析中看出，政府工作人员对本地企业配合重大项目实施的评价较高，而对规划目标完成情况的评价一般，由此表明区域经济主体发展方式与规划目标的要求存在偏差。依据 SPSS 检验，在 0.01 水平（双侧）上被认为是显著相关，本地居民的配合程度与规划目标完成情况的 Spearman 系数为 0.317，相关系数 $|r|$ 大于 0.3，呈现出正相关性，说明了调动区域居民在规划实施中的积极性非常重要。

（3）过程控制力要素与规划目标完成情况的相关性分析。

依据 SPSS 检验，在 0.01 水平（双侧）上被认为是显著相关，重大项目实施中的动态跟踪调整机制的落实与规划目标完成情况的 Spearman 系数为 0.296，相关系数 $|r|$ 接近于 0.3，呈现出正相关性。依据 SPSS 检验，在 0.01 水平（双侧）上被认为是显著相关，中期评估机制的落实与规划目标完成情况的 Spearman 系数为 0.397，相关系数 $|r|$ 大于 0.3，呈现出较强的正相关性。

5. 规划执行力结果分析

将问卷调查所获得的评价信息定量处理转化为指标数据，根据相关公式可得县域规划执行力的得分为 3.23，规划认知与支持力、规划保障力、组织沟通与协同力、过程控制力、实施效果力的得分依次为3.31、3.29、3.50、2.99、3.11。参照规划执行力评级标准，规划认知与支持力、规划保障力、组织沟通与协同力、实施效果力的分值介于3~4，其中实施效果力的分值偏低，而过程控制力的分值则介于2~3。由此表明，执行力不足很大程度上受到过程控制力的制约：一方面，缺乏科学有效的管理方式，规划目标执行进度得不到科学控制，经济增长和财政收入等指标超额完成，而关乎社会民生和资源环境等方面的指标却不能完成;另一方面，政府官员对规划执行过程深入调查的力度不够，不能及时发现、研究和解决问题。

8.4　提高县域发展规划执行力的策略分析

8.4.1　从规划实施主体方面分析

1. 规划决策阶段的执行力优化

提高决策层的业务知识能力及顶层设计能力，深化对国家及省级层面改革的认识，注重与上级政策的衔接，积极与上级政府进行协调，使得县域发展目标与省级层面发展目标相匹配，尤其要在经济增长速度、财政收入、资源生产总量的控制目标等方面达成共识，并解决条条管理下的国有资源型企业的管理问题。在资源型地区转型尚未有完整经验可循的情况下，对区域发展中存在的问题要进行科学诊断，从更长远的角度制定县域发展规划，即探索制定县域战略发展规划，将县域战略发展规划与山西省综合改革配套试验区行动纲领的发展要求结合起来，增强实施方案的可操作性。县域规划要在山西主体功能区找准自身的发展定位，要在合理分析自身与周边地区及了解国内外各方面战略的基础上，突出县域经济特色发展战略，确定经济转型的方向、目标和步骤。

面对日益严峻的生态环境破坏，山西省的工业体系重构仍然是在保证国家能源需求下进行。决策层应发挥能源供应基地的影响力和话语权，积极争取中央政府的支持，继续完善各项配套政策和措施，建立与综改区建设相适应的政策体系，为地方行政区域实现经济转型提供良好的外部环境。进一步探索合理的引导机制，将基层政府追求高速增长、追求工业强县、追求财政和投资最大化的积极性引导至以科学发展为基础的发展轨道上来。加强对基层政府战略发展规划编制的指导，加强县级政府和省、市级政府的信息交换。

2. 规划执行阶段的执行力优化

在山西省转型发展的大背景下，基层政府决策层应以科学的县域发展规划为导向，积极摆脱煤炭依赖、路径依赖的思想惯性，切实转变固有的经济发展观念，强化可持续发展理念，坚定产业结构调整的决心，提高转型的自觉性和主动性。加大基础设施建设投资、产业开发投资及生态建设投资，尤其是加强教育和科研投入力度。通过实地调研发现，地方政府要降低信息传递失真，注重目标治理和自发治理方式的合理应用。做好引导市场主体发展方式转变的工作，减少对市场经济活动的干预，致力于创造公平开放的市场环境，发挥市场配置资源的基础性作用。把微观经济活动的决策权、经营权、收益权彻底地还给企业，并对资源型企业盲目扩大产量的行为进行适度干预。在善治理念的指导下，改变传统的地方治理方式，由政府管理转变为政府治理。

发展民间商会组织，积极调动民间资本的力量，为资源型县域经济转型提供资金保障。通过经济手段激励企业削减污染排放量，通过行政手段加快关停和淘汰落后产能的速度，深化对存量利益关系的调整。在政府的积极引导下，推动企业成为研发投入的主体。

提高各职能部门负责人的系统思维和全局意识，严格将县域发展规划的要求落到实处，规范执行层的权力使用机制，使得项目审批的各个环节得到有效衔接。强化执行层的规划认知，使得转型发展理念切实深入到执行层队伍之中，广泛利用报纸、广播、电视、网络等多种媒体和宣传手段，做好政策宣传工作，正确引导目标群体的政策认知，并增强其政策认同感。

3. 规划实施控制阶段的执行力优化

国民经济和社会发展中长期规划的中期评估在“十一五”时期成为正式的制度安排，决策层应该注重对规划实施情况的中期评估以及时发现规划实施中存在的问题，并作相应调整。积极发挥重大项目的动态跟踪调整机制作用，对项目的准入、建设、运行等全过程加强管控，主要从环境评价、土地审批的合理性等方面对重大项目进行跟踪调整。执行层应合理有效地利用法律手段，对环境违规行为进行惩罚，使得资源稀缺程度和资源的负外部性真正体现在企业成本中，并广泛接受新闻媒体和群众的监督。

上级政府应加强对基层政府规划实施的进度检查，完善对基层政府执行情况及完成任务情况的量化评价考核标准、奖惩办法及责任追究制度，帮助基层政府对规划实施中的不确定因素进行监测、预警和分析。定期公布规划目标完成情况，加强对基层地方政府的横向比较和纵向比较，并将资源型地区与非资源型地区进行分类比较。加强对资源型地区经济转型的监测与考核工作，对转型的重点领域、转型的体制机制、转型总进度进行评价和分析。

4. 规划实施评价阶段的执行力优化

将包括第三方组织、公众在内的外部评价主体纳入规划实施评价的重要主体，使区域规划实施评价效果更为全面；决策层应认真总结上一阶段的规划目标实施偏差的根源，为下一轮规划实施提供经验；通过专家评估，公开向社会征求评估意见，将他评与自评相结合，评估结果才更有实际意义。

8.4.2 从制度配套改革方面分析

（1）优化政府间的层级结构，加快探索和实行省直管县体制，因地制宜、合理调整完善行政区域，建立高效协同的跨区域行政协调机制，促进经济区域一体化管理，调整县级政府与上级政府之间权力配置机制；赋予县级政府更多的发展自主权，按照能放则放、权责统一的原则，逐步扩大县级经济管理权限，赋予县级政府更大的发展自主权和决策权，增强县级政府统筹城乡发展的经济调控能力。

（2）通过干部考核机制改革，改变官员的任免、考核、升迁机制，积极探索干部任命的民选机制，使地方官员从只对上级负责变成也对选民负责，使得关系本位的晋升制度失去生存空间；加强官员选拔过程中的人品考察，通过法律手段加强对政府人员寻租行为的约束；改变主要以经济指标评价政府官员的考核制度，建立包括经济指标、社会发展指标、科技进步指标等各种指标在内的综合性的政府官员评价指标体系；将转型综改重点任务纳入全省年度目标责任考核，健全落实考核激励机制，更好地发挥目标责任考核对转型发展的导向作用，同时既要注重考核经济发展速度，又要注重考核经济发展质量，坚持以平时考核、年度考核为基础，尤其是要以换届考察、任职考察为重点。

（3）加强财政税收体制改革，党的十六届五中全会指出，合理界定各级政府的事权，调整和规范中央与地方、地方各级政府间的收支关系，建立健全与事权相匹配的财税体制。完善中央与省级政府的财政转移支付制度，理顺省级以下财政管理体制，有条件的地方可实行省级直接对县的管理体制。现行的税制下，增值税和营业税上交中央的比例分别为 75% 和 60%，省市和县区的划分比例没有统一固定，基层政府的财政税收仍然处于“吃饭财政”的困境，因此需要进一步加强财政税收体制改革，改变基层地方政府财力保障不足的现状。

（4）官方的信息汇集和处理属于单通道型，受制度、技术、利益等方面原因的制约，容易对体制内部信息的汇集和处理形成干扰，应通过规范信息畅通机制来减少和降低官僚系统垄断、过滤信息的可能性；继续探索政务信息公开机制，保障基层政府对上信息的真实性及对下信息的公开性。

（5）通过建立专家咨询委员会工作机制，增强基层政府重大发展决策的科学性；从法律层面保障规划目标的合法地位，降低规划实施中的主观意识干扰；建立协调联动机制，增强各职能部门之间的沟通合作能力；推动行政审批制度改革，制定更为严格的批准程序，形成制度规范，从而促进政府职能转变；理顺煤炭等矿产资源收益分配体制，使得资源开采的负外部性在煤炭资源价格中得到体现；完善排污权交易体系建设，全面推行排污权交易，通过提高正式供给制度的有效性，彻底打破非正式关系在社会资源配置中的作用，并从制度层面保障社会公众参与治理的权力。

8.5 本章小结

中央及省区市的政策都要通过县（区）、乡级政府传达给基层群众，研究县域发展规划执行力显得尤为重要。从县域发展规划主要社会指标的执行情况看，实际指标与规划目标存在偏离，本章构建了县域发展规划执行力测评指标体系，对发展规划的影响因素进行了分析，但测评指标体系设计存在一定的局限性，仍需在以后的研究中加以完善。本章对资源型县域发展规划执行力做出了全面评价，以期为基层地方政府实现经济、社会、环境可持续发展提供可行的理论层面的策略和建议。

第9章　结　语

在过去的一段时间里，山西全省上下推动政治生态由“乱”转“治”、发展由“疲”转“兴”，并不断全面拓展新局面，内生动力、发展态势和整体形象发生了重大而深刻的变化。

2019年，山西省政府工作报告指出，未来山西省将在聚焦产业转型、大项目建设，主动融入国家战略，不断提高对外开放水平，聚焦文旅融合发展，建设富有特色和魅力的文化旅游强省等方面持续发力。

2019年9月4日，文化和旅游部发布的首批国家全域旅游示范区名单显示，山西省临汾市洪洞县、晋城市阳城县、晋中市平遥县3个县位列其中，被认定为首批国家全域旅游示范区。2019年11月8日，全国全域旅游工作推进会议在河南召开，文旅部正式发布山西获批成为全国第8个省级国家全域旅游示范区创建单位。将山西省全域旅游发展工作推向了一个新的高度，可以说山西省产业转型与发展进入了一个新阶段。

近几年中，平遥国际电影节已经成功举办了三届，山西文化影响力逐渐扩大；黄河长城太行三大旅游版块建设全力推进，2019 年国庆假日期间，全省共接待旅游者 6487.16 万人次，同比增长 18.86%，实现旅游综合收入 422.07 亿元人民币，同比增长 20.67 %；第二届全国青年运动会在山西省举行，进一步向全国展示了山西形象。

进入新时代，山西省将坚持以习近平新时代中国特色社会主义思想为指导，全面贯彻党的十九大和十九届二中、三中、四中全会精神，深入贯彻习近平总书记视察山西重要讲话精神，并提出“一个指引、两手硬”的工作思路和要求。以高质量转型发展为主线、以“示范区”“排头兵”“新高地”三大目标为牵引，统筹抓好稳增长、促改革、调结构、惠民生、防风险各项工作，着力提升治理体系和治理能力现代化水平，在“两转”基础上全面拓展各项事业新局面。而山西人民对美好生活的向往，就是这个资源型省区市继续转型发展的不竭动力。

本书通过梳理山西省历次产业结构调整政策的实施效果，并进行剖析和重新思考，提出山西省替代产业的选择及演替模式。在发展篇章中，着重分析了山西省的全域旅游、永磁产业的发展，并从高等院校的协同创新、县域执行力两个方面，来探究山西省产业转型与发展的基础保障。

本书通过定性与定量相结合的研究方法，取得了一些研究成果，以期能为山西省产业转型与发展提供一些决策参考。同时，书中仍存在很多不足之处，需要在今后的研究工作中不断改进和完善。研究团队将持续关注山西省的产业转型与发展问题，继续贡献绵薄之力。

参考文献

《山西文化资源优势转化路径》课题组．关于山西文化产业集群发展的思考 [N]. 山西日报，2013-11-05（C02）.

埃莉诺·奥斯特罗姆，罗伊·加德纳，詹姆斯·沃克，2010. 规则、博弈与公共池塘资源 [M]. 西安：陕西人民出版社：80-84.

包卿，陈雄，朱华友，2005. 核心—边缘理论在地方产业群升级发展中的应用 [J]. 软科学，19（3）：14-15.

鲍梅则，李晋宏，2016. 黄河金三角视域下临汾市旅游一体化发展研究 [J]. 湖州师范学院学报，38（4）：94-98.

卞玉洋，2016. 从钕铁硼废料中回收稀土元素的新工艺研究 [D]. 上海：上海大学.

曹文玉，宋晓晨，2014. 山西煤炭资源型经济转型的研究分析 [J]. 现代经济信息（15）. 457

常梅，薛耀文，2018. 钕铁硼永磁材料产业发展路径研究——以山西省为例 [J]. 资源与产业（2）：1-6.

常梅，薛耀文，王丽，2019. 永磁产业竞争力评价研究——基于山西省数据 [J]. 技术与创新管理（6）：760-765.

陈剩勇，张丙宣，2009. 建国 60 年来中国地方行政区划和府际关系的变革与展望 [J]. 浙江工商大学学报（5）：5-15.

陈水生，2010. 当代中国公共政策过程中利益集团的行动逻辑 [D]. 上海：复旦大学：56-57.

陈雅琳,高吉喜,韩永伟,等,2009. 山西省能源圈辐射的环境效应 [J]. 生态环境学报（6）:2220-2223.

迟福林，2013. 优化权力结构推动政府职能转变实质性突破 [J]. 行政管理改革（4）:7-11.

楚义芳，1992. 关于旅游线路设计的初步研究 [J]. 旅游学刊（2）：9-13.

丹尼斯·C. 缪勒，2010. 公共选择理论 [M]. 韩旭，等，译 . 北京：中国社会科学出版社（8）：1-7.

东方凯，2005. 谁在阻止节约型社会的建立 [J]. 发展（12）：33-34.

杜江，2001. 旅行社经营管理 [M]. 北京：北京旅游教育出版社 .

樊霞，赵丹萍，何悦，2012. 企业产学研合作的创新效率及其影响因素研究 [J]. 科研管理，33（2）：33-39.

方冬云，2009. 图论在旅游线路选择中的应用 [J]. 长春工业大学学报（自然科学版）（5）：582-586.

郭京福，2004. 产业竞争力研究 [J]. 经济论坛（14）：32-33.

郭伟，薛耀文，2019. 不同对接条件下的旅游线路设计研究——以临汾市为例 [J]. 山西师范大学学报（自然科学版）（2）：50-57.

郭伟，薛耀文，2019. 基于全域旅游的龙头景区带动型模式研究——以山西省临汾市为例 [J]. 改革与战略（2）：71-81.

国家发展和改革委员会 . 山西省国家资源型经济转型综合配套改革试验总体方案 [N]. 山西日报，2012-09-14.

韩世敏，李宇辉，2001. 山西煤炭货款外欠原因及对策 [J]. 山西煤炭管理干部学院学报（3）：26.

郝金连，2018. 全域旅游背景下旅游产业融合发展模式研究———以杏花村镇为例 [J]. 山西农业大学学报（社会科学版），17（8）：58-64.

何翔舟，2006. 政府决策的机会成本实证研究——以杨浦大桥收费为例 [R]. 北京：科学出版社：1020-1031

何翔舟，2008. 政府管理半径与成本的研究 [M]. 北京：中国社会科学出版社：251-253.

胡铁雯，顾海兵，2012. 国民经济社会规划的指标选择与执行情况比较研究 [J]. 价格理论与实践（7）：54-56.

胡炜霞，刘家明，李明，等，2016. 山西煤炭经济替代产业探索——兼论重点旅游景区拉动地区经济发展之路径 [J]. 中国人口资源与环境，26（4）：168-176.

胡炜霞，薛耀文，2014. 山西省煤炭经济转型中旅游业带动区域经济发展研究 [J]. 山西档案（3）：41-44.

胡炜霞，薛耀文，李明，2015. 景区周边环境利用带动区域经济增长研究——以山西重点景区为例 [J]. 干旱区资源与环境（4）：195-201.

胡晓芳，蔡英辉，2008. 法政时代的中国斜向府际关系探究 [J]. 黑龙江社会科学（2）：38.

胡晓苒 . 城市旅游：全域城市化背景下的大连全域旅游 [N]. 中国旅游报，2010-12-08（11）.

贾志琦，孙钢，王琳，2014. 山西省新材料产业 SWOT 分析 [J]. 科技与产业（5）：21-24.

江海旭，李悦铮，2018．大连市全域旅游发展现状及对策研究 [J]. 城市规划与设计（6）：48-52.

姜彤彤，吴修国，2017. 产学研协同创新效率评价及影响因素分析 [J]. 统计与决策（14）：72-75.

金碚，2001. 论企业竞争力的性质 [J]. 中国工业经济（10）：5-10.

景普秋，孙毅，张丽华，2011. 资源型经济的区域效应与转型政策研究——以山西省为例 [J]. 兰州商学院学报（6）：40-47.

李创，郭洁，胡建兰，2008. 技术经济评价专题研究 [M]. 郑州：黄河水利出版社：84.

李飞，李晗，2018. 基于动态能力的高校协同创新过程评价 [J]. 科技管理研究，38（4）：71-78.

李金河，徐锋，2009. 当代中国公众政治参与和决策科学化 [M]. 北京：人民出版社：163.

李金早 . 全域旅游的价值和途径 [N]. 人民日报，2016-03-04（007）.

李丽，2017. 协同创新背景下科技资源的整合与共享 [J]. 中国高校科技（Z1）：66-68.

李丽，景普秋，2013. 山西煤炭产业与旅游业的冲突及融合发展研究 [J]. 经济问题（11）：121-124.

李文博，2015. 高校协同创新的内涵、运作机理及保障机制 [J]. 教育与职业（35）：14-17.

李文凯 . 三门峡工程半个世纪成败得失 [N]. 南方周末，2003-11-27.

李文龙，章羊，2018. 技术创新驱动稀土产业转型升级的实证研究 [J]. 稀土，39（4）：152-158.

李秀东 . 树立全域旅游观念做强巴中旅游产业 [N]. 巴中日报，2009-12-31（001）.

李洋，2015. 临汾市沿黄旅游开发研究 [D]. 晋中：山西农业大学：1-37.

李祖超，梁春晓，2012. 协同创新运行机制探析——基于高校创新主体的视角 [J]. 中国高教研究（7）：81-84.

厉新建，马蕾，陈丽嘉，2016. 全域旅游发展：逻辑与重点 [J]. 旅游学刊，9（31）：22-24.

厉新建，张凌云，崔莉，2013. 全域旅游：建设世界一流旅游目的地的理念创新——以北京为例 [J]. 人文地理（3）：130-134.

栗雪娟，崔尚森，张柯，2006. 最佳旅游路线选择的神经网络方法 [J]. 交通与计算机（5）：103-106.

梁昀，薛耀文，2012. 基于利益相关者视角的重大决策社会风险评估 [J]. 经济问题（9）：62-65.

廖新庚，2011. 江西稀土产业发展战略研究 [D]. 南昌：南昌大学 .

林洪，2002. 国民幸福指标体系及综合度量 [A] // 中国统计学会：纪念新中国政府统计机构成立五十周年暨全国统计科学研讨会学术论文集 . 北京：中国统计出版社：368-369.

林涛，2013. 基于协同学理论的高校协同创新机理研究 [J]. 研究生教育研究（2）：9-12.

吕俊芳，2014. 城乡统筹视阈下中国全域旅游发展范式研究 [J]. 河南科学，32（1）：139-142.

刘莘主，2006. 法治政府与行政决策、行政立法 [M]. 北京：北京大学出版社：84-85.

刘书雷，吕蔚，韩琰，2008. 高校科技创新能力的要素构成及评价体系研究 [J]. 科学学研究，26（S2）：467-470.

刘雪明，廖东岚，2012. 地方政府政策执行力评价体制的运用分析 [J]. 西北工业大学学报（4）：15-21.

刘雪瑞，2008. 我国渐进改革的动因及理论基础 [J]. 北方经济（6）. 3-4

刘颖琦，2016. 基于钻石理论的主导产业选择模型的研究 [J]. 中国软科学（1）：145-149.

龙跃，2018. 战略性新兴产业集群协同发展的综述与评析 [J]. 重庆工商大学学报（社会科学版）（1）：92-97.

罗晓宁，鄢春根，杨悦，2015. 稀土永磁材料专利信息分析 [J]. 稀土，36（2）：113-118.
罗依平，2011. 深化我国政府决策机制改革的若干思考 [J]. 政治学研究（4）：34-41.
罗占收，邵莹，吴勉华，2016. 高校内部协同创新的动力机制研究——基于“2011 计划”背景 [J]. 中国科技论坛（10）：11-17.
骆惠宁，2016. 以习近平总书记系列重要讲话精神为指引 忠诚担当 攻坚克难 为全面建成小康社会而奋斗——在中国共产党山西省第十一次代表大会上的报告 [R]. 前进（12）：6-9.
马斌，2009. 政府间权力关系：权力配置与地方治理 [M]. 杭州：浙江大学出版社：108-113.
马柯航，2009. 创新视角下提升山西装备制造业竞争力的研究 [J]. 经济问题（7）. 124-126
马勇，2004. 旅游学概论 [M]. 北京：旅游教育出版社：89-92.
孟庆松，韩文秀，2000. 复合系统协调度模型研究 [J]. 天津大学学报（自然科学与工程技术版），33（4）：444-446.
苗长青，2006. 山西实施能源重化工基地发展战略的回顾与反思 [J]. 党史文汇（1）：18-19.
聂华林，高新才，2006. 区域发展战略学 [M]. 北京：中国社会科学出版社：340-345.
牛娜，2019. 山西省综改区政策驱动产业转型的作用路径研究 [D]. 太原：山西财经大学 .
潘玉侠，梁勤欧，2011. 基于遗传算法的旅游线路优化 [J]. 浙江师范大学学报（自然科学版）（3）：350-354.
彭华民，2009. 西方社会福利理论前沿论国家、社会、体制与政策 [M]. 北京：中国社会出版社：296-298.
戚湧，李千目，2009. 基于主成分神经网络和聚类分析的高校创新能力评价 [J]. 科学学与科学技术管理，30（10）：112-117.

秦海林．日本支持战略性新兴产业发展的经验及启示 [N]. 中国经济时报，2014-02-14（006）.

任保平，钞小静，魏婕，2012. 中国经济增长质量报告（2012）[M]. 北京：中国经济出版社：125-128.

石培华．如何认识与理解全域旅游 [N]．中国旅游报，2016-2-3（04）.

史贞，许佛平，2018. 山西省产业转型升级机理探析——基于投入产出分析 [J]. 经济问题（10）：72-77.

世界银行，2011.2011 年世界发展指标 [M]. 北京：中国财政经济出版社：44-46.

宋静波，2006. 政府决策的风险管理研究 [D]. 重庆：重庆大学．

孙国良，2011. 改革完善政府决策机制研究 [J]. 公会论坛，17（15）：155-159.

孙海华，2008. 高校创新能力评价及提升方法研究 [D]. 南京：南京理工大学．

谭吉玉，刘高常，2017. 我国稀土产业发展新成效及可持续发展对策 [J]. 经济纵横（2）：83-87.

汤少忠．"全域旅游"驱动因素与发展模式——以《重庆市渝中区全域旅游发展规划》为例 [N]．中国旅游报，2014-06-04（14）.

唐朝永，牛冲槐，2018. 基于 PSR 模型的山西领军型创业人才集聚机理研究 [J]. 科技管理研究，38（6）：111-117.

汪劲，2006. 中外环境影响评价制度比较研究：环境与开发决策的正当法律程序 [M]. 北京：北京大学出版社：18-19.

汪宇明，2002. 核心—边缘理论在区域旅游规划中的运用 [J]．经济地理，22（3）：72-76.

王奉铃，贺海，2017. 全域旅游发展模式之特色资源驱动型——以重庆市武隆为例 [J]. 旅游管理研究（6）：51-53.

王国华，2017. 论全域旅游战略实施的路径与方法 [J]. 北京联合大学学报，15（3）：12-17.

王缉慈，2004. 关于地方产业集群研究的几点建议 [J]. 经济经纬（2）：53-57.

王美霞，2018. 中国高校协同创新能力评价及空间格局研究 [J]. 统计与信息论坛，33（8）：67-73.

王儒林 . 在全省学习讨论落实活动动员大会上的讲话 [N]. 山西日报，2014-12-02.

王树国，2011. 乘势聚力协同创新 推进世界一流大学建设 [J]. 中国高等教育（17）：5-8

王树华，陈柳，2014. 制造业转型升级中的增量调整和存量调整 [J]. 现代经济探讨（6）：38-41.

王婉娟，危怀安，2016. 协同创新能力评价指标体系构建——基于国家重点实验室的实证研究 [J]. 科学学研究，34（3）：471-480.

王云珠，黄桦，何静，2015. 山西节能环保产业发现现状与对策 [J]. 经济问题（11）：105-109.

威廉・N. 邓恩，2010. 公共政策分析导论 [M]. 北京：中国人民大学出版社：148.

魏小安 . 促进全域旅游发展 [N]. 中国旅游报，2015-12-07（C02）.

魏兆庆，2006. 和谐社会与平安宁夏 [M]. 银川：宁夏人民出版社：273-275.

吴丹 . 协商集群发展铁路装备制造业 [N]. 山西青年报，2015-10-16（004）.

吴合文，2015. 基于协同创新的高校内部治理变革 [J]. 高教探索（4）：5-10.

吴韶宸，2012. 江西医药产业竞争力研究 [D]. 南昌：江西财经大学 .

吴帅，2011. 分权、制约与协调：我国纵向府际权力关系研究 [D]. 杭州：浙江大学：17-37.

吴志军，2012. 我国稀土产业可持续发展战略研究 [J]. 江西社会科学，32（2）：42-49.

肖兴志，张嫚，2007. 产业经济学 [M]. 北京：首都经济贸易大学出版社 .

谢识予，2002. 经济博弈论 [M]. 上海：复旦大学出版社：33-35.

徐井宏，张红敏，2011. 转型：国际创新型城市案例研究 [M]. 北京：清华大学出版社.

徐权，李襲，2007. 基于 AHP 法的区域综合规划执行力评估研究 [J]. 上海管理科学（4）：68-70.

徐元铖，左金隆，2001. 关于我国经济结构存量调整的思考 [J]. 商业研究（11）：29-31.

许承宇，2010. 中国产业结构调整研究 [D]. 北京：首都经济贸易大学：9-10.

薛耀文，王丽，常梅，2020. 高校内部协同创新与外部协同创新的协同度分析 [J]. 现代教育管理（2）：54-61.

阎友兵，1996. 旅游线路设计学 [M]. 长沙：湖南地图出版社.

颜军梅，2014. 高校产学研协同创新模式分类及实现路径研究 [J]. 科技进步与对策，31（18）：27-31.

颜蕾，2005. 产业结构调整中的政府投资行为 [J]. 改革（10）：126-128.

杨国忠，颜鸷，2015. 中国高新技术产业的区域创新能力评价研究 [J]. 工业技术经济，34（9）：115-122.

杨林泉，郭山，2003. 基于模糊线性规划测度模型的旅游环境承载力实证分析 [J]. 云南地理环境研究，15（3）：23-27.

杨晓国，1996. 旅游经济活动中的旅游地理因素与旅游线路组织 [J]. 经济问题（4）：62-63.

杨秀平，翁钢民，2005. 旅游环境可持续承载动态模型的构建 [J]. 云南地理环境研究，17（4）：58-61.

杨艳梅，王金朋，邸建勇，等，2013. 魏县旅游线路设计与评估 [J]. 河北联合大学学报（社会科学版）（1）：42-45.

杨英英，2017. 河北省战略性新兴产业集群集聚度及其影响因素分析 [D]. 石家庄：河北师范大学 .

叶仕满，2012. 协同创新：高校提升创新能力的战略选择 [J]. 中国高校科技（3）：16-19.

袁纯清 . 以转型发展为主线为实现山西经济社会跨越发展努力奋斗——在全省领导干部大会上的讲话 [N]. 山西日报，2010-07-31.

张博，王威，高照国，2014. 废弃稀土功能材料的综合回收利用 [J]. 矿产保护与利用（6）：46-50.

张彩江，邝国良，2007. 复杂决策模式（CDM）形成：一个分析概念框架 [J]. 系统工程学报，22（6）：669-672.

张超，2002. 提升产业竞争力的理论与对策探微 [J]. 宏观经济研究（5）：51-54.

张复明，2008. 抓住发展主线推进结构调整 [J]. 前进（9）：12-13.

张复明，2011. 转型之路 [M]. 太原：山西教育出版社：14-15.

张晋生 . 找准抓手“1311”规划破土而出 [N]. 山西经济日报，2005-01-18（002）.

张力，2011. 产学研协同创新的战略意义和政策走向 [J]. 教育研究，32（7）：18-21.

张璐，薛耀文，2018. 山西省替代产业的选择基准及演替模式研究 [J]. 改革与战略（5）：99-105.

张敏，刘养洁，2015. 百里汾河经济带建设背景下临汾旅游业的发展研究 [J]. 山西师范大学学报（自然科学版），29（1）：99-103.

张培刚，张建华，等，2009. 发展经济学 [M]. 北京：北京大学出版社 .

张茜，2010. 我国地方政府投资决策风险规避研究 [D]. 秦皇岛：燕山大学：23-27.

张玉琪，2017. 基于系统动力学的桐庐全域旅游示范县发展研究 [D]. 秦皇岛：燕山大学 .

赵康杰，景普秋，贾琳，2011. 煤炭价格波动及其对资源型区域经济发展的影响——基于山西省的实证研究 [J]. 产经评论（4）：141-152

赵新宇，张人戈，2009. 论资源枯竭型地区接续替代产业的选择原则 [J]. 当代经济研究（7）：45-48.

赵长铁，曾婷，顾新，2013. 产学研联盟推动我国战略性新兴产业技术创新的作用机制研究 [J]. 四川大学学报（哲学社会科学版）（3）：47-52.

中国科学院可持续发展战略研究组，2004. 中国可持续发展战略报告 [R]. 北京：科学出版社 .

中华人民共和国国家统计局，2011 中国统计年鉴 [Z]. 北京：中国统计出版社 .

中华人民共和国国务院 . 国务院批转发展改革委关于 2013 年深化经济体制改革重点工作意见的通知 [Z]. 2013-05-18.

邹菊芳，2017. 张家界民族文化旅游产业发展研究 [D]. 吉首：吉首大学.

邹统钎，1999. 旅游开发与规划 [M]. 广州：广东旅游出版社：170-171.

BALDI L，PERI M，VANDONE D，2014. Clean energy industries and rare earth materials：economic and financial issues [J]. Energy Policy：66.

BRITTON J，2003. Network structure of an industrial cluster：electronics in toronto [J]. Environment and Planning，35（6）：983-1006.

BRUNEEL J，DESTE P，NEELY A，et al.，2009.The search for talent and technology-examining the attitudes of EPSRC industrial collaborators towards universities [R]. Advanced Institute of Management Research：45.

GUNN S C，2007. Green belts: a review of the region's responses to a changing housing agenda [J]. Environmental Planning B，50（5）：595-616.

HMG，2009. Evaluation of the effectiveness and role of HEFCE/OSI third stream funding [R]. Cambridge：University of Cambridge：201.

KARIM E，2013. The relationship between the performance of industrial clusters and renovation of small industries [J]. Research Journal of Applied Sciences，Engineering and Technology，5（3）：889-897.

KERKVLIET J，NOWELL L，1993. Heterogeneous visitors and the spatiallimits of the travel cost model [J]. Jounal of Leisure Research（31）：404-419.

LONG C，ZHANG X B，2011.Cluster-based industrialization in China：financing and performance [J]. Journal of International Economics（84）：112-123.

LUE C，CROMPTON J L，FESENMAIER D R，1993. Conceptualization of multi-destination pleasure trips [J]. Annals of Tourism Research（20）：289-301.

PORTER M E，1990. The competitive advantage of nations [M]. New York：The Free Press.

PORTER M，2000. Location，competition，and economic development：local cluster in global economy [J]. Economic Development Quarterly（14）：15-20.